31-117-2

# 幕末維新パリ見聞記

——成島柳北「航西日乗」
栗本鋤雲「暁窓追録」——

井田進也 校注

岩 波 書 店

# 凡例

一、本書には、慶応三(一八六七)年のパリ万国博に将軍の名代として参加していた徳川昭武をイギリスに留学させようという側近たちの動きを阻止すべく、幕府から急派された親仏派外国奉行栗本鋤雲の「暁窓追録」と、明治五(一八七二)年から六年にかけて明治政府の岩倉使節団と同時期にパリに滞在し、一私人としてフランス・イタリア・イギリス三国を歴訪した成島柳北の「航西日乗」の二篇を収めた。
一、底本としては、それぞれの初出、「暁窓追録」については、『匏菴十種』、「航西日乗」については雑誌『花月新誌』を用いた。
一、文庫収録に際し、読みやすさを考慮して、次のような整理を行った。
一、漢字は、新字体のあるものについては、新字体に改めた。
二、地の文の片かな表記を、平がな表記に改めた。
三、適宜、句読点を加えた。

四、新たに新かなづかいのルビを付した(人名・地名など、固有名詞については、現在通行の表記にした)。

五、原文が漢文の部分(「暁窓追録」の序文と「航西日乗」中の漢詩)については、旧かなづかいの読み下し文を添えた。

六、底本の明らかな誤記誤植は訂した。

七、「暁窓追録」には、校注者による見出しを付した。

八、注に挿入したパリ各所、各施設の図版は主に左記の諸文献から選んだ。

一八六七年パリ万博に際して出版された *Paris Guide*(1867)の二冊本。

*Paris Diamannt*(1867, 1872(英語版), 1884)の各版。

*Paris Nouveau illustré*(1873).

絵入り週刊誌 *Illustration* の各号。

Alfred Delvau, *les Plaisirs de Paris*(1867).

*Guide Complet de l'étranger dans Paris*(1884).

Louis Girard, *Nouvelle Histoire de Paris. La deuxième République et le Second Empire*(Hachette, 1984).

# 目　次

# 航西日乗

余の欧米に航遊せしは、実に明治五年壬申《じんしん》*の九月に解纜《かいらん》し、翌年七月に帰朝せしなり。其際《そのさい》見聞したる事共甚《どもはなは》だ夥《おびただ》しけれど、客中匆忙《そうぼう》筆記の暇《いとま》無くして、空《むなし》く雲烟過眼《うんえんかがん》に属せしもの頗《すこぶ》る多く、今日に至りては遺憾やる方無し。去れど旅中鉛筆にて其の概略を記し置きたる日乗《にちじょう》三巻有り、此比《このごろ》之を筐底《きょうてい》より取出《とりい》でたれば、此《ここ》に載せて江湖《こうこ》の同人に示す。其の文の拙劣なる素《もと》より論無し、唯《た》だ其の情況を有りのままに写したるのみ。折々得たりし悪詩も亦刪潤《さんじゅん》を加へずして其の間に挿入す。識者の嗤笑《ししょう》は固《もと》より免《まぬか》れ難かる可《べ》し。

本願寺東派の法嗣《ほうし》現如《げんにょ》上人、* 将《まさ》に印度《インド》に航し、転じて欧洲に赴《おもむ》き、彼《か》の教会を巡覧せばやと思い立たれ、余に同行せよと語られしは、壬申の八月中旬にて有りき。余の喜び知る可《べ》きなり。随行の人々は石川舜台《いしかわしゅんたい》*・松本白華《まつもとはっか》*・関信三《せきしんぞう》*の三氏と定めらる。余は先発して横浜に赴き諸事を管理せよとのことにて、九月十二日甲午月曜(即《すなわち》西暦十月十四日也《なり》)、晴、午前東京を発す。* 此行故《このこうゆえ》有りて家内并《ならび》に親戚朋友にも告げずして立出《たちいで》ぬれば、送る人とては無し。唯《た》だ発途の際箕作秋坪《みつくりしゅうへい》*翁を訪《と》ひ、窃《ひそか》に其の事を告げて去る。翁深く驚き且つ大《おおい》に壮遊を欣賀《きんが》せられたり。横浜に抵《いた》り橘屋磯兵衛《たちばなやいそべえ》*の家に投じ旅装を理《り》す。白華・信三亦《また》至る。徹宵《てっしょう》事有て寐《いね》るを得ず。

十三日、火曜、好晴。十二時、上人、舜台を拉《ひき》て横浜に来たられ、西村右兵衛《にしむらうへえ》の家に憩ふ。相共に一酌《いっしゃく》して諸子に別れを告げ、第七時、月明に乗じ仏国の郵船ゴタベリイ*に乗り組む。今夕は継華《けいか》の佳辰《かしん》なり。二絶あり。

誰知豪気掣鯨鯢　　誰か知らん、豪気鯨鯢《げいげい》を掣《せい》するを。

一曲離歌酒到臍
好是横湾明月夕
片帆直向仏蘭西

右望巴黎城上月
左瞻竜動埠頭雲
快哉万里風濤上
要作人間得意文

一曲の離歌、酒、臍《ほぞ》に到る。
好し是れ、横湾明月の夕。
片帆直に向ふ、仏蘭西《フランス》。

右に望む、巴黎《パリ》城上の月。
左に瞻《み》る、竜動《ロンドン》埠頭の雲。
快なる哉、万里風濤《ふうとう》の上。
作らんと要す、人間《じんかん》得意の文。

此の行、本邦人の同航者多し。華族にては姉小路公義《あねがこうじきみとも》君*、官吏にては河野敏鎌《こうのとがま》・岸良兼養《きしらかねやす》・鶴田皓《つるたあきら》・川路利良《かわじとしなが》・名村泰蔵《なむらたいぞう》・沼間守一《ぬまもりかず》・益田克徳《ますだかつのり》・井上毅《いのうえこわし》の八君*、其《その》他羽後《うご》の本間耕曹《ほんまこうそう》、佐賀の松田正久《まつだまさひさ》、名東県《みょうどうけん》*の新田静丸《にったしずまる》の三君と余が一行五名、合せて拾七人なり。

十四日、水曜、好晴。天既《すで》に白からんとする時郵船纜《ともづな》を解く。此日風浪頗《すこぶ》る大にて、白華・信三皆臥《ふ》して房《ぼう》を出でず。午下《ごか》、富岳を望む。

十五日、木曜、晴。風益《ますま》す烈しく、食堂に出づる者甚だ罕《まれ》なり。洋種の平果*を食らふ。大にして味極めて美なり。

十六日、金曜、晴。風歇《や》む。日向・薩摩に近き海路を航す。海門岳《かいもんだけ》*を望む。富岳に彷《ほう》彿《ふつ》たり。此山を失へば全く本邦の地を離るるを以て、衆皆悵然《ちょうぜん》として回顧する久し。夜間詩有り。

回頭故国在何辺
休唱頼翁天草篇
一髪青山看不見
半輪明月大於船

頭《こうべ》を回《めぐ》らせば、故国何《いず》れの辺にか在る。
唱すを休《や》めよ、頼翁天草の篇*。
一髪青山、看《み》れども見えず。
半輪の明月、船よりも大なり。

十七日、土曜、又晴。四時風雨俄《にわか》に起り、船身掀颺《きんよう》し、余も亦《また》起つ能《あた》はず。房中に困《こん》臥《が》するのみ。

何物半宵掀我牀
乍天乍地奈飄颺
記他前夕雲容悪
也値陽侯一夜狂

何物か、半宵、我牀《わがとこ》を掀《うごか》す。
乍《たちまち》天乍地、飄颺《ひょうよう》を奈《いかんせ》ん。
記す、他《か》の前夕、雲容の悪《あ》しきを。
また値《あ》ふ、陽侯*一夜の狂。

艙外鶏鳴燭影残
蛮奴捧水白陶盤
無端驚覚家山夢
撼枕濤声客胆寒

艙外《そうがい》、鶏鳴て燭影残《ざん》す。
蛮奴水を捧ぐ、白陶盤。
端《はし》無く驚き覚《さ》む、家山の夢。
枕を撼《うごか》す濤声《とうせい》、客胆寒し。

十八日、日曜、陰雨冥濛《めいもう》、風力亦猛《たけし》。同舟、多くは房内に臥《ふ》す。午、晴、風亦歇《や》む。此夜月明。舟人云ふ、台湾を過ぐと。刮目《かつもく》見る所無し。朝来二絶を得たり。

書在筺中酒在瓶
心安不覚度滄溟
艙窓眠足閑無事
坐聴朝餐第一鈴

書は筺中《きょうちゅう》に在り、酒は瓶《びん》に在り。
心安くして覚えず、滄溟《そうめい》を度《わた》るを。
艙窓眠り足りて、閑《かん》、事無し。
坐して聴く、朝餐の第一鈴。

故山日夜望儂不
儂自出家多客愁
誰識風濤洴湃夕
夢飛三径菊花秋

故山、日夜儂《われ》を望むや不《いな》や。
儂、家を出しより客愁多し。
誰か識らん、風濤洴湃《ほうはい》の夕。
夢は飛ぶ、三径*菊花の秋。

十九日、月曜、快晴。晨起《しんき》、始《はじめ》て支那の漁船数隻を見る。右に遠く廈門《アモイ》を望む。

唯看漁舟数葉翻
茫々無際碧乾坤
按図海客呼吾語

唯だ看る、漁舟数葉翻《ひるが》へるを。
茫々際無し、碧乾坤《へきけんこん》。
図を按ずる海客、吾を呼んで語る。

一抹雲山是廈門　　一抹の雲山、是れ廈門。

晩に二島の船右に立つを認む。人に問へば曰く是《こ》れ兄弟島なりと。

二十日、火曜、晴。朝来、支那の峰巒《ほうらん》近く目睫《もくしょう》に在《あ》り、衆皆懽呼《かんこ》す。十一時香港《ホンコン》に達す。此の港口狭く彎曲して入る、亦《また》一佳境なり。午下、軽舸《けいか》に乗り上陸す。舟師に一シルリング(英貨)を投ぜり。市街を歩し山上の公園に遊ぶ。花草竹樹、清麗愛す可し。欧羅巴《ヨーロッパ》ホテルに一酌し、又去て街上の一酒店に投ず。此店は新天和と号す。壁間題して云ふ、携来什物貴《たずさえきたるじゅうぶつき》客自理《かくみずからりせよ》*。試みに麺及び菓を食《くら》ふ。柿柑《かきこうじ》の類も本邦と小異あり。此港、洋銀一元、支那銭一千文に値《あた》る。咸豊《かんぽう》・同治《どうち》*諸銭、大小別無きは笑ふ可し。土人轎《きょう》に乗る。其柄極めて長し。壮丁《そうてい》之を舁《かき》て行く。頗《すこぶ》る繁華の地なれども、賤民婦児の狡《こう》黠《かつ》喧噪なる、実に厭《いと》ふべきを覚ゆ。本港は北緯二十二度七分なれば頓《とみ》に炎熱に驚けり。

枕水楼台万点灯　　水に枕《のぞ》む楼台、万点の灯。
郵船估舶喚相譍　　郵船估舶《こはく》、喚《よ》べば相譍《こた》ふ。

海南九月猶炎熱
争買銀盤幾片氷

層々鉅閣競繁華
百貨如邱人語譁
此際誰来売秋色
幽蘭冷菊幾盆花

海南九月、猶ほ炎熱。
争ひ買ふ、銀盤幾片の氷。

層々たる鉅閣、繁華を競ふ。
百貨邱《おか》の如く、人語譁《かまびす》し。
此の際、誰か来たりて秋色を売る。
幽蘭冷菊、幾盆の花。

香港盗賊多きを懼《おそ》れ、*皆本船に還《かえ》りて寐《い》ぬ。此日郷書《きょうしょ》を仏国の医師サボウル氏に託す。

二十一日、水曜、晴。朝起、旅筐《りょきょう》を理し、別船に遷《うつ》るの用意を為す。午前復《ま》た諸子と上陸し、太平山水月宮に至る。*即ち観音の廟なり。押巴顛《アバディーン》街第十二号に寓する本邦人六名に面す。愛知の水野遵《じゅん》、鹿児島の小牧昌業《まさなり》・伊地知《いじち》季方《すえかた》・高橋新吉、高知の桑原戒平、島根の井上訥郎《とつろう》なり。英華書院*に過ぎ書籍を購《あがな》ひ、種字局を観る。途上一劇場有り、昇平戯園と掲題す。入て観るに頗る荘麗なり。其の音吐《おんと》は頗る峭急《しょうきゅう》にして演ずる所は正本、忠孝烈、齣頭《せきとう》、狐鬼相闘、成套《せいとう》、連下なり。*解す可く解す可からざるの間に在り。又福興居と云ふ割烹楼に上《の》ぼり、鴨肉羹、白焓石斑魚*を食ひ、糯米酒《もちごめざけ》*を飲み、菓及び飯を喫す。其の価《あたい》、七名にして四元半なり。斯《この》楼の屋山上に厠《かわや》あり、一驚を喫せり。支那人の不潔なる、概《おおむ》ね此《この》類なり。日暮、本船に還り、郵船メーコン号*に遷《うつ》る。ゴタベリイ号に比すれば其の壮大殆《ほとん》ど倍にして、三餐《さん》亦極めて豊美なり。

二十二日、木曜、天晴、風大。十二時開帆。香港に泊する両夕、地に盗児多しと聞き客館に投宿せず。今日発せんとするに臨み頗る眷恋《けんれん》の意有る也。島嶼数百《とうしょすひゃく》を経過して大洋に出づ。晩餐氷糕《ひょうこう》*を喫す。太《はなはだ》美なり。且つ炎熱甚しきを以て、厨奴《ちゅうど》代る代る縄を引き、風扇《ふうせん》を舞はして席を扇《あお》ぐ。快、言ふ可からず。此日得る所二首。

昌黎駆鱷已千秋
驚見巨魚波上浮
回首洋雲渺無際
天辺何処是潮州

昌黎鱷《わに》*を駆る、已《すで》に千秋。
驚き見る、巨魚の波上に浮ぶを。
首《こうべ》を回《めぐ》らせば、洋雲渺《びょう》として際無し。
天辺何《いず》れの処か、是れ潮州。

亜刺羅山在那辺
風濤淼漫碧涵天
艙間併載牛羊豕
彷彿千秋諾亜船

亜刺羅山《アララット》は那辺に在る。
風濤淼漫《びょうまん》、碧《へき》、天を涵《ひた》す。
艙間併せ載す、牛羊豕《し》。
彷彿たり千秋、諾亜《ノア》の船。

二十三日、金曜、一髪の山を見ず。此日冷水に浴す。午後一雨乍《たちまち》晴。夜、熱八十七度。

四辺無復一螺青
雲影濤声数日程
巴里賈人竜動女
幾多生面已諳名
午餐罷処水風徐

四辺、復《ま》た一螺《いちら》の青*無し。
雲影濤声、数日の程《てい》。
巴里《パリ》の賈人《こじん》、竜動《ロンドン》の女。
幾多の生面《せいめん》、已に名を諳《そら》んず。
午餐罷《や》む処、水風徐《おだや》かに。

茶味可人微酔余　茶味人に可なり、微酔の余。
浪静行舟平似席　浪静かにして、行舟、席《むしろ》よりも平らかなり。
満窓晴日写郷書　満窓の晴日、郷書を写す。

天気和時人快然　天気和する時、人快然。
風濤起日只貪眠　風濤起こる日、只だ眠りを貪《むさぼ》る。
誰知一笑一顰裏　誰か知らん、一笑一顰《いっぴん》の裏《うち》。
経過南洋程幾千　経過す南洋、程《てい》幾千。

二十四日、土曜、好晴。右に峰巒《ほうらん》を望む。舟人云ふ、是れ安南《アンナン》なりと。西暦を閲《けみ》すれば此日は泰西の十月二十六日なり。

一鳥不翔雲水間　一鳥翔《かけ》らず、雲水の間。
驚瀾呑吐碧孱顔　驚瀾呑吐《どんと》す、碧孱顔《へきさんがん》。
離家万里安南海　家を離《さ》る万里、安南の海。

無復風光似故山　　復た風光の故山に似たる無し。

二十五日、日曜、晴。風波起らず、身の舟中に在るを忘る。十一時遥《はるか》に灯台及び人家を認む。乃《すなわ》ち知る塞昆《サイゴン》港に近きを。亭午《ていご》港口に入る。両岸緑樹幽草、風景画《え》の如し。処々に蘇鉄の大樹有り。又獮猴《びこう》の群を為して遊ぶを見る。人家ある処は秧針《おうしん》青々として本邦四、五月の候に似たり。大河なれど流れは緩《ゆる》く水は濁れり。屈曲して上流に泝《さかのぼ》る。舟人に問ふ。一は曰く、是れ瀾滄江《らんそうこう》*なりと。一は曰く、是れ柬埔寨《カンボジア》*川の下流なりと。余、地理に昧《くら》し。他日詳《つまびら》かに地図を按ず可し。四時塞昆に達す。是れ安南の都邑《とゆう》にして近年仏国の所領となれり。*人種は支那に類す。男女其歯皆黒し。椰子を食ふに因《よ》るか。屋《おく》舎《しゃ》の甍瓦《ぼうが》皆赤色なり。始《はじめ》て椰樹林を見る。此日寒暑針九十四度*。本港は赤道を距《さ》る僅《わずか》に十度十七分なりと云ふ。夜舟中に眠るに両岸の虫声啾々《しゅうしゅう》として耳に盈《み》ち、流蛍《りゅうけい》乱飛するを見る。其の形頗《すこぶ》る大なり。蚊蚋《ぶんぜい》亦多し。

針路縈回入港門　　針路縈回《えいかい》、港門に入る。
長流一帯不知源　　長流一帯、源を知らず。

夾舟雲樹奇於画　舟を夾《はさ》む雲樹、画よりも奇なり。
誘得征人到塞昆　征人を誘ひ得て、塞昆《サイゴン》に到る。

夜熱侵人夢易醒　夜熱人を侵して、夢醒《さ》め易し。
白沙青草満前汀　白沙青草、前汀に満つ。
故園応是霜降節　故園、応《まさ》に是れ霜降の節なるべし。
驚看蛮蛍大似星　驚き看る、蛮蛍《ばんけい》、星よりも大なるを。

二十六日、月曜、晴。早起、石川・関二子と上陸す。市上に肉及び蔬《そ》を売る者叫呼して囂々《ごうごう》たり。街衢《がいく》の土質は赤色にして瓦の如し。蓋《けだ》し日光の烈しきが為めか。唯《た》だ樹木の茂密なる有て、行人の烈日を避くるに宜《よろ》し。街上に栽《う》うる所は大半槐樹《かいじゅ》なり。人家の簷《えん》頭籬下《とうりか》、一般に牽牛花《あさがお》を植て花露滴々たり。芭蕉は皆実を結び累々として園に満つ。店頭多く陶器を鬻《ひさ》ぐを見る。所謂交趾焼《いわゆるコーチやき》*なり。されど佳なる者は罕《まれ》なるに似たり。酒店有り、天香楼と云ふ。就《つい》て一酌《いっしゃく》し鴨糸麵・白切蚧*を食らふ。去て郷信《きょうしん》を郵署に託す。一封の価《あたい》一フランクなり。天午《ひる》に近くなり炎威敵す可《べか》らず。畏《おそ》れて舟に還る。衆皆、苦熱困《こん》頓《とん》す。此夜九時抜錨《ばつびょう》せしが、未だ港口に達せず。潮退《ひき》て舟膠《こう》す。

二十七日、火曜、晴。十一時潮満ち舟動く。二時大洋に出《い》づ。此日涼気を得て人意爽《そう》然《ぜん》、寒暑針八十一度なり。房奴《ぼうど》に銀一元を投じ、温湯に浴し頗《すこぶ》る快を覚ゆ。

二十八日、水曜、晴。風波起らず、暑気復《また》甚し。寒暑針九十四度に昇る。赤道に近きを知る可し。

二十九日、雨。十一時右に一髪の青を認む。即ち麻陸岬《マラッカ》なり。此日乍《たちまち》雨乍晴、二時、左に灯台の小嶼《しょうしょ》上に在るを望む。其の後《うし》ろに一線に突出したるは蘇門答臘《スマトラ》なり。麻陸岬と相対す。此の海峡は即ち星嘉坡《シンガポール》港なり。

南辺麻陸北蘇門
地勢蜿蜒両蟒奔
奔到洋中不相接

南辺は麻陸《マラッカ》、北は蘇門《スマトラ》。
地勢蜿蜒《えんえん》、両《りょう》蟒《ぼう》*奔《はし》る。
奔《はし》りて洋中に到りて、相接せず。

双頭対処万帆翻

双頭対する処、万帆《ばんばん》翻《ひるがえ》る。

六時港に達す。赤道を距《さ》る一度十七分、此港は新港と名づく。人家多からずして石炭庫多し。郵船停泊の為めに築きし処なり。此港に入るの間、四顧するに風景頗る佳なり。郵船直ちに岸に達し上陸に便なり。港内の児童皆《みな》裸体にて、瓜片様《かへんよう》の小舟に乗り来たって文貝《ぶんばい》の類を売る。客小銀銭を水中に投ずれば、跳《おどり》て水に没し之を攫《かく》して浮ぶ。蛙児《あじ》と也《また》似たり。土人皆黒面跣足《せんそく》にして、紅花布を纏《まと》ひ半身を露《あら》はす。画図《がと》の羅漢に同じ。其中《うち》少しく財産有る者の如きは、皆回教の徒と見え桶様の帽を戴《いただ》けり。女子亦袒《たん》して跣《せん》す。*鼻を穿《うが》つて金環を垂れし者あり。奇怪極まれり。日暮、石川子と共に馬車を倩《やと》ひ星嘉坡《シンガポール》の市街(即ち旧港)に遊ぶ。路程一里許《ばかり》、往来、車価一元を投ず。市街の繁華は塞昆《サイゴン》の上に位《くらい》せり。夜中観覧に便ならぬ故、直ちに轅《ながえ》を回《めぐ》らせり。

十月一日、金曜。晨起、復《また》諸子と共に旧港の市街に赴く。路を夾《はさ》む草花、幽婉《ゆうえん》愛す可し。地質は皆赭色《あかいろ》なり。街頭の家は土人と支那人と雑居す。蓋し閩広《びんこう》の人移住する者多しと云ふ。*新連香と云ふ一旗亭に投じ、雞糸麺を食ひ用米酒を飲む。楼頭に盆栽を列す。

盆は交趾《コーチ》の陶器多し。標して曰く、眼看手勿レ動識レ理者諒知《めもてみてはうごかすなかれりをしるものはりょうちせよ》*と。船に還る後、関子中暑《ちゅうしょ》、腹痛甚だしく煩悶す。衆皆狼狽し医薬を乞ふ。少頃《しょうけい》にて癒《いえ》たり。此日、沼間守一氏偸児《とうじ》の為めに金嚢《きんのう》を奪はる。郵船停泊の際盗児多し、最も警《いまし》む可きなり。土人港頭に来たり、鸚鵡《おうむ》・長尾猿の類を鬻《ひさ》ぐ。珍禽奇獣少なからず。価も亦甚だ貴《たか》からざるが如し。

幾個蛮奴聚港頭
排陳土産語啾々
巻毛黒面脚皆赤
笑殺売猴人似猴

幾個の蛮奴、港頭に聚《あつ》まり、
土産を排陳して、語啾々《しゅうしゅう》たり。
巻毛黒面、脚皆赤し。
笑殺す、猴《さる》を売る人、猴に似たるを。

五時該《この》港を発す。七時右に灯台を望む。九時大風驟雨《しゅうう》を送り雷鳴り海轟《とどろ》く。而《しか》して舟体は毫《ごう》も簸揚《はよう》せず。蓋《けだ》し印度海は波浪極めて平穏、寔《まこと》に航客の楽境と謂《い》ふ可し。此夕、和蘭《オランダ》の官人コック氏と歓晤《かんご》す。温厚の君子なり。

二日、土曜、天陰、微涼肌に可なり。右に麻陸《マラッカ》岬を見る、蜿蜒《えんえん》として長く看《み》て午後一時に至て始て雲烟の間に没せり。新嘉坡《シンガポール》より一小豹を檻《おり》に鎖《とざ》して船中に載せ来たる旅客有り。其人云ふ、仏都巴里《パリ》の博物館に送るなりと。晩餐アナナ*を食らふ、味頗《すこぶ》る美なり。夜に入り雷雨涼《りょう》を送る。蓋し赤道近傍の地、夜雨《やう》常に多くして午熱を濯《あら》ふ。造物人類を愛護する寔《まこと》に喜ぶ可し。此日『乗槎《じょうさ》筆記*』(清国斌椿《ひんちん》所レ著《あらわすところ》)を同行人に借て読む。亦是れ一個の東道《とうどう》*主人と為すに足れり。

三日、日曜、陰晴不定。八時二十分急雨一過。本日復《ま》た蘇門答臘《スマトラ》を左辺に見る。其島の大なる知る可し。其の尖岬《せんこう》は即ち亜珍《アチエ》なり。此日航路四百三十七里、錫蘭《セイロン》を距る千五百里と云ふ。

四日、月曜、晴。全く海峡を出づ。即ち印度洋なり。水色油の如し。四顧山《やま》を見ず。風無くして舟動く。十二時*舟北緯五度許《ばかり》の地を過ぐ。昨日亭午より航路二百六十八里なり。和蘭《オランダ》の士人、三歳爪哇《ジャワ》に滞留し這回《こんかい》本国に帰る者有り。為めに賦《ふ》す。

拉児拉婦太多情　　児を拉《らっ》し婦を拉して、太《はなは》だ多情。

試問移家何処行
印度三秋于役畢
今年帰向海牙城

試みに問ふ、家を移して何処《いずこ》にか行く。
印度三秋、于役畢《うえきおわ》り。
今年帰り向かふ、海牙《ハーグ》城。

五日、火曜、晴。炎熱甚《はなはだ》し。寒暑針九十二度。昨午より舟行二百七十五里なり。午《ご》下《か》小雨乍《たちまち》晴。此夜月明、金星を望むに赤き火の如し。同行と共に思郷の詩を綴る。

東望故山雲杳茫
濤声欲裂遠人腸
怪他赤道炎燆地
添得吾儂鬢上霜

東のかた故山を望めば、雲杳茫《ようぼう》たり。
濤声裂かんと欲す、遠人の腸。
怪しむ、他《か》の赤道炎燆《えんきょう》の地。
添へ得たり、吾儂鬢上《ごのうびんじょう》の霜。

六日、水曜、晴。朝来些涼《さりょう》、喜ぶ可し。昨午より航路二百九十里。新嘉坡《シンガポール》を距る一千二百七十里、錫狼《セイロン》を距る二百三十里、午後は暑気九十三度。

七日、木曜、晴。朝起、遥《はるか》に錫狼島を望む。

万里来航印度洋　　万里来たり航す、印度洋。
凄風吹尽客懐長　　凄風吹き尽して、客懐長し。
波瀾涵碧朝暾紫　　波瀾碧を涵して、朝暾《ちょうとん》紫なり。
報道行舟近錫狼　　報道す、行舟錫狼《セイロン》に近しと。

八時港口に達す。港はポイントデガウル＊と云ふ。此地は北緯六度一分に在り。港の左に灯台有り、台下水石《すいせき》相激し、噴散雪の如し。土人は眼鋭く鼻高く印度人種中にて最上等に位す。衣服は新嘉坡と一様なり。港口風浪平《たいら》かならぬ故、奇なる小舸《しょうか》を造り客を載す。其の製、舟の一傍に木板を附け軽重の権衡《けんこう》を取り、覆没《ふくぼつ》を防ぐ。舟の体《てい》は横甚だ狭くして尺余に過ぎず。長さは二丈許《ばかり》なり。土人多く舟に来り、瀚衣《かんい》＊を乞ひ土宜《どぎ》＊を売り投宿を勧む。喧囂《けんごう》厭《いと》ふ可し。余は同行と共に上陸す。城門有り。猶《なお》、和蘭《オランダ》の記章を門上に掲ぐ。和蘭人の共に来たりし者之《これ》を観て愀然《しゅうぜん》たる気色《けしき》有り。其の意中寔《まこと》に諒《りょう》す可きなり。市街に入りロウレットと云ふ逆旅《げきりょ》に投じ朝餐《ちょうさん》す。

餐後、同行四名馬車を傭《やと》ひ海に沿ふて山路に向ふ。路傍妓肆《ぎし》多し。黒臉《こっけん》墨の如き女子門に倚《よ》る。獰悪《どうあく》畏《おそ》る可し。山間に門有り。馭者曰く、是《こ》れボウガハアの寺*なり。乃《すなわ》ち車を下だり門に入りて中堂に進む。堂に釈尊の臥像を安《あん》ず。其の巨大驚く可し。而して陶製なり。堂の四壁に地獄の画図《がと》有り。其の古雅奇怪なる、本邦人の描く所と大《おお》いに異なるを覚ゆ。堂後の山に登れば一古墳有り。石を二級に畳《たた》み築造頗《すこぶ》る鞏固《きょうこ》なり。寺僧云ふ、釈尊分骨の墓なりと。墓碣《ぼけつ》無くして磚石《せんせき》の中央に一樹を栽《う》う。僧云ふ、菩提樹《ぼだいじゅ》なりと。僧は余が同行に贈るに貝葉経《ばいようきょう》数葉を以てす。又椰子水を供す。其味甘美なり。

古廟蕭条老蘚青
時看遠客敲幽扃
椰林深処山僧在
猶写当年貝葉経

古廟蕭《しょうじょう》条、老蘚《ろうせん》青し。
時に看る、遠客の幽扃《ゆうけい》を敲《たた》くを。
椰林《やりん》深き処、山僧在り。
猶《なお》写す、当年の貝葉経。

山を下だり、帰途又一刹《いっさつ》を見る。乃《すなわ》ち入て仏殿を観んと請ふ。住職は老僧なり。自から云ふ、日本語に通ずと。試に邦語を以て之に問へば毫《ごう》も通ぜず。仏殿に安ずる所の像中、未だ見ざる者多し。寺中に一大塔有り、頗る荘厳なり。老僧云ふ、此塔は摩耶夫《まやぶ》人《にん》の冥福を祈るが為めに建つると。蓋し其の製造は、極めて古きものに非《あら》ざるに似たり。此寺往昔は余程《よほど》壮大なる寺院にて有りしならん。今は廃頽《はいたい》して僧侶も僅に二、三名のみ。

三千年古刹　　三千年の古刹《こさつ》。
一万巻遺経　　一万巻の遺経。
試問往時事　　試みに往時の事を問へば、
山風吹月青　　山風、月を吹いて青し。

将《まさ》に去らんとす、老僧別れを惜んで悵然《ちょうぜん》たり。又馬車に乗り市街に出《い》づ。此港は草花多く、其色殊《こと》に艶なり。本邦秋草の七種は遠く及ばざるに似たり。唯《た》だ土人狡猾《こうかつ》無恥、人に迫て物を売り、囂々蚊蚋《ごうごうぶんぜい》の如くなるは極めて厭《いと》ふ可し。土産数種を買ひ、黄昏《こうこん》舟中に還る。夜、雷鳴電光閃々《せんせん》人を射る。

八日、金曜、晴。午前八時、舟港口を発して西に馳《は》す。波上に魚の多く飛ぶを見る。

錫狼《セイロン》より亜丁《アデン》に航する海路は二千四百三十二里。

九日、土曜、晴。昨朝より今午に至る迄、航路三百二十五里、此日和蘭《オランダ》の旅客、齎《もたら》す所の古銀貨を余に贈る。之に酬《むくゆ》るに本邦の新金貨を以てす。

十日、日曜、晴。風微《かすか》に浪平《たいらか》なる席《むしろ》の如し。昨午より舟行二百八十八里、夜間月明。

十一日、月曜、晴。風起り舟動く。衆客房に入て臥《ふ》す者多し。航路三百里。此日、印度航客の喫飯を観るに、皆箸を用ひず手攫《てづかみ》して食らへり。

十二日、火曜、晴。風止み波穏《おだやか》なり。暑気亦《また》酷ならず。舟行三百零八里。

十三日、水曜、晴。三、四日間、舟中一髪《いっぱつ》の山をも見ず。亜拉比《アラビア》海の曠闊《こうかつ》なる、驚く可し。此日順風、舟行三百十八里。昨来無聊《ぶりょう》、和蘭人とコイツ*の戯を為す。扁球を盤上に投じて輸贏《しゅえい》を争ふ。蓋《けだ》し打毬《だきゅう》の類なり。日暮右辺に模糊たる島嶼《とうしょ》の如き者を見る。蓋《けだ》し亜剌比《アラビア》の大陸なるか。此夜月色昼の如し。

十四日、木曜、天晴、風涼し。寒暑針八十四度。此夕同舟の印度人にて婆羅門《バラモン》教を奉ずる者の神を拝するの状を窺《うかが》ふに、宛《あたか》も我が仏教の僧侶の礼拝に異ならず。立拝・坐拝の両種あり。本日舟行三百三十三里。

十五日、金曜、晴。朝起、山を望む、即ち亜丁《アデン》港なり。九時二十分港に入る。蓋し亜《ア》剌比亜《ラビア》の海岸は概《おおむ》ね砂礫《されき》のみにて青草を見ず。峰巒《ほうらん》は肉無く骨露《あらわ》れ剣の如く牙の如く、突兀《とっこつ》として心目を驚かす。亜細亜《アジア》中に嘗《かつ》て見ざる所なり。英人本港の山に沿ふて砲台を築く。宛然《えんぜん》たる天造の長城なり。其間に樹を栽《う》ゑ屋《おく》を築きぬ。其労想ふ可し。港内は闊《かつ》大《だい》にして巨嚢《きょのう》を拡げたる如し。土人は巻毛黒臉、印度人に比すれば醜陋獰悪《どうあく》甚し。童子の海中に遊泳する殆ど蛙児《あじ》と一般、人類とは思はれざる程なり。同行の人、上陸する者多し。余は日光の赫々《かくかく》として砂礫《されき》を射、加　之《しかのみならず》風塵面《おもて》を撲《うち》て堪《たう》る能《あた》はざれば、竟《つい》に舟を出でず。土人舟に来たり、豹皮及び駝鳥《だちょう》の毛羽を鬻《ひさ》ぐ。通用貨幣の名はルビイ・アンナ等なり。上陸せし者云ふ、此港は市街寥々《りょうりょう》として各地井《い》無く水乏し。山上に古来の大沼有り、以て雨水を貯《たくわ》へ飲料に充《あ》つ。此沼は羅馬《ローマ》人の造る所にして、英人之《これ》を補理すと云ふ。此の不毛の郷に於て英人の土地を拓《ひら》き道路を築く等、其《そ》の事業実に感服す可し。土人の貨物《かぶつ》を運輸するは皆駱駝《らくだ》を用ふ。其他見るに足るもの無しと。舟中に在りし印度の旅客皆《みな》此港より上陸し去れり。六時港を出づ。此夜明月断巌《だんがん》千尺*の上に出で、風景奇絶、恰《あたか》も十月望《ぼう》なれば坡翁《はおう》*後赤壁《ごせきへき》の遊びを想像し、余が壮遊の坡翁に優る有て劣る無きを知り、深更まで月を賞して寐《い》ねず。

断巌千尺海門開
大月晩従洋底来
万里壮遊探絶勝
愧吾独少老坡才

四望難看寸草青
山容洞態赭而獰
知他大漠応非遠

断巌千尺、海門開く。
大月、晩に洋底より来たる。
万里の壮遊、絶勝を探る。
愧《は》づ、吾が独り老坡《ろうは》の才を少《か》くを。

四望看難《みがた》し、寸草の青。
山容洞態、赭《しゃ》にして獰《どう》。
知る、他《か》の大漠、応《まさ》に遠きに非ざるべし。

満面炎風泊亜丁　　満面の炎風、亜丁《アデン》に泊す。

十六日、土曜、晴。此日、風起り舟少しく動く。進んで紅海に入る。右には亜刺比亜《アラビア》の山を望み、左には時々遠く阿弗利加《アフリカ》の峰巒《ほうらん》を望む。舟の亜刺比亜の岸に沿て行くを知る可し。亜丁《アデン》港より蘇斯《スエズ》に到る航路一千三百八里、昨宵より二百十五里を走る。此日寒暑針八十四度、夜に入り炎熱殊《こと》に甚し。洋史に云ふ、*上古神人摩西《モーセ》海を渡《わたり》て難を避く、埃及《エジプト》王之《これ》を追ひ全軍尽《ことごと》く溺《おぼ》れ、血紅《けっこう》波を湧《わ》かす、紅海の名其時に昉《はじま》ると。余想ふに、両岸沙漠、日光砂礫を射て海色自《おのず》から赤し。故に名づけしならんと。姑《しばら》く史に拠て一絶を賦《ふ》す。

摩西仙去幾千秋　　摩西《モーセ》、仙し去つて幾千秋《いくせんしゅう》。
回首興亡事似漚　　首を回らせば、興亡、事漚《あわ》に似たり。
誰識当年紅海水　　誰か識《し》らん、当年紅海の水。
汪洋猶画両洲流　　汪洋《おうよう》、猶《なお》両洲を画《かく》して流る。

十七日、日曜、晴。此日舟行二百八十二里。亭午、寒暑針八十六度、午後小雨一過、連夕月明。

十八日、月曜、晴。風波殊《こと》に平《たいらか》なり。舟行二百七十七里。寒暑針八十八度、昨来一髪の山を見ず。紅海の闊《ひろ》き驚く可し。晩に及び山岳の獣歯に類する者を左辺に望めり。此日午下三時、汽筒の噴火飛散して甲板の布幕を焦《こが》し、闔船《こうせん》*騒擾《そうじょう》なりしが、須臾《しゅゆ》にして火熄《や》み人々皆安《やす》んぜり。此夜、英客水夫と争論し水夫罰を受けて囚《とら》はる。事、英客の喫烟に起こると云ふ。衆皆《みな》英客を直《ただ》しとせず。

十九日、火曜、晴。十二時。両巌の礮台《ほうだい》に類する者を左方に見る。本日舟行二百七十五里、北緯二十六度の地にて蘇士《スエズ》を距《さ》る二百五十九里と云ふ。晩に及び左に阿非利加《アフリカ》の山岳を望み、右に亜剌比亜《アラビア》の島嶼を瞻《み》る。夜に入り海峡広さ十里許《ばかり》の処を過ぐ。峡口漸《ようや》く狭窄《きょうさく》になりし地に灯台あり。既にして月輪輾《にじ》り上り風景極めて奇なり。舟人云ふ、右にシナイ山を望む、即ち摩西《モーセ》の十戒を受けし処なりと。烟靄《えんあい》蒼茫として分明《ぶんみょう》に看《み》るを得ず。此日和蘭《オランダ》人ラドマクルより泰西の古貨数品を購《あがな》ふ。

電光夜掣万重山
爛々砕紅波浪間
毒熱侵人烈於火
行舟正過鬼門関

電光夜掣《せい》す、万重の山。
爛々紅を砕く、波浪の間。
毒熱、人を侵して火よりも烈《はげ》し。
行舟正に過ぐ、鬼門の関《かん》。

溽熱蒸空月亦紅
紫瀾万頃夜無風
昨来艙裏人如酔
不識舟行埃及東

溽《じょくねつ》熱空を蒸して、月も亦《また》紅なり。
紫瀾万頃《しらんばんけい》、夜、風無し。
昨来艙裏《そうり》、人酔《え》へるが如し。
識《し》らず、舟は行く埃及《エジプト》の東。

二十日、水曜、晴。海峡益《ますます》狭し。朝起、微涼を覚ゆ。寒暑針を検すれば七十七度なり。漸く地中海に近きが故なり。九時三十分蘇士《スエズ》に達す。舟陸《ふね》を距《さ》る一里余の処に下錨《かびょう》す。此港亜丁《アデン》に比すれば頗《すこぶ》る繁華なるに似たり。白沙湾々、眺観亦《また》佳なり。土人来り土耳其《トルコ》の赤帽及び写真を売る。午下《ごか》一時港を発し新航渠《こうきょ》*に入る。両岸赤地渺茫《びょうぼう》として寸草を見ず。時に駱駝《らくだ》の沙上に臥《ふ》すを認む。沙漠の熱気人に迫り寒暑針八十七度に及ぶ。此渠《きょ》は広さ二十弓《きゅう》或は三十弓許《ばか》*り、長さは八十七里*、疏鑿《そさく》の労想《おも》ふ可し。此夜一湖に入りて停泊す。衝突を畏《おそ》るる故なり。此湖は『西洋聞見録』に云ふ苦湖《くこ》*即ち是れならんか。舟人に問ふに湖名ミッツルと答へり。本日二絶を得たり。

一道新渠両海通
当知神禹譲其功
熱埃堆裏涼風迸
巨艦往来沙漠中

一道の新渠《しんきょ》、両海通ず。
当《まさ》に知るべし、神禹《しんう》*其の功を譲るを。
熱埃堆裏《ねつあいたいり》、涼風迸《ほとばし》り。
巨艦往来す、沙漠の中。

疏鑿黄沙幾万重
風潮洗熱碧溶々
千帆直向欧洲去
閑却南洋喜望峰

疏鑿《そさく》す、黄沙幾万重。
風潮熱を洗ひて、碧溶々《ようよう》。
千帆《せんぱん》、直ちに欧洲に向かひて去る。
閑却す、南洋の喜望峰。

二十一日、木曜、晴。九時二十分湖を発し又航渠に入る。両岸渺茫《びょうぼう》、唯《ただ》獣跡を印するを見るのみ。樹有り檉《ぎょりゅう》の如く、草有り菅《すげ》の如きもの処々に叢生《そうせい》す。其他は芒花《ぼうか》を見るのみ。岸上に電信線を設け相報じて舟の衝突を防ぐ。罕《まれ》に人家あり。皆航渠《こうきょ》落成の後移住せる者なり。須臾《しゅゆ》にして又一湖に入る。名をテムザ*と云ふ。頗《すこぶ》る曠闊《こうかつ》にして港の如き処有り。イスマリアと云ふ。船舶多く泊す。本日甲板上の幔幕《まんまく》を徹す。舟人云ふ、明日は気候頓《とみ》に変ず、復《ま》た暑日を避くるに及ばず。人々宜《よろし》く衣服を換へて寒を禦《ふせ》ぐの用意有る可《べ》しと。余久《ひさし》く幔幕の下に遊憩したれば、今日之を徹し去るは太《はなは》だ愛惜の情有るなり。

二十二日、金曜、晴。昨日午後三時又大湖に入る。湖バラアと名づく。四時二十分停泊す。今朝寒暑計六十七度。早起両岸を観るに、復た沙漠に非《あら》ず皆泥土なり。地中海遠からざるを知る。又一湖に入る。メンザレ*と云ふ。其《その》大幾《ほと》んど海の如し。中に水鳥多し。九時ポルサイトの新港に達す。埃及《エジプト》所轄の地なり。該《この》国の鎮台あり軍艦あり。蘭人コーク余を誘して上陸し、市街を散歩す。到る処《ところ》頗る清潔なり。多く百果を売る。グランドホテルに投じ一酌す。路上一樹のニサルプと名づくるを観る。葉は槐《えんじゅ》に類して刺《とげ》あり。枝幹は柳に似たり。土人驢《ろ》を牽《ひ》き旅客をして乗らしむ。

新埔頭開海色妍
南来北去万帆懸
千年砂磧無人地
築起楼台数百椽

新埔頭《ほとう》開きて、海色妍《けん》なり。
南来北去、万帆懸かる。
千年の砂磧、無人の地。
築起す、楼台数百椽《すひゃくてん》。

四時三十分、港を発し地中海に入る。風急に浪《なみ》大なり。晩餐を喫せずして寐《い》ぬ。新港より馬耳塞《マルセイユ》に至る千五百零三里と云ふ。

客舟忽入大濤間
凛々朔風吹裂顔
千古誰呼地中海
四辺杳渺不看山

客舟忽《たちま》ち入る、大濤の間。
凛々たる朔風《さくふう》、吹きて顔を裂く。
千古誰か呼ぶ、地中海。
四辺杳渺《ようびょう》、山を看ず。

二十三日、土曜、晴。風大なり。昨日より舟行二百二十三里、北緯三十二度の地に在り。此夜枕上《ちんじょう》に一絶を得たり。

人定連房灯影残
汽機声裏夜方闌
玻瓈窓底独欹枕
星彩水光相映寒

人定りて、連房灯影残《ざん》す。
汽機声裏、夜方《まさ》に闌《たけなわ》なり。
玻瓈《はり》窓底、独り枕を欹《そばだ》てば、
星彩水光、相映じて寒し。

二十四日、日曜、晴和、風無し。右にカンディア島*を望む。此島は土耳其《トルコ》に属す。希臘《ギリシア》の南方にあり。此日舟行二百八十六里。夜雨。

二十五日、月曜、晴。南風暖を吹く。亭午雨来たる。寒暑計七十六度、舟行三百零二里、馬耳塞を距る六百九十二里なり。四時遠山を望む、茫として烟《けむり》の如し。即ち伊太利《イタリア》の山にして、左方に見ゆるは西々利《シチリア》の海峡なり。峡口三里許《ばかり》なりと云ふ。夜に入りメシナを過ぐ。雨気冥濛《めいもう》、灯台と人家の燭影《しょくえい》とを認め得るのみ。

江山咫尺水烟含
明滅篝灯一二三
涼雨凄風人不語
征帆夜過墨西南

江山咫尺《しせき》、水烟含む。
明滅する篝灯《こうとう》、一二三。
涼雨凄風《せいふう》、人語らず。
征帆夜過ぐ、墨西南《メシナ》。

二十六日、火曜、晴。朝起、遠く伊太利の山を望むのみ。十二時右に山岳を望む、即ち那不勒《ナポリ》なり。此日舟行二百五十里、北緯四十度の地を過ぐ。天気晴和、甚だ喜ぶ可し。

浴罷柁楼快欠伸
客中吾是一閑人
水容太静雲容暖
始識西溟亦小春

浴罷《や》んで柁楼、快なり欠伸《けんしん》。
客中、吾は是れ一閑人。
水容太《はなは》だ静かにして、雲容暖かなり。
始めて識る、西溟亦《また》小春。

二十七日、水曜、晴、陰晴不レ定。今朝甲板より望めば、右にはエルバ島を望み、*左にはコルシカ嶋を瞻《み》る。島に港有りて人家稠密《ちゅうみつ》なり。那破命《ナポレオン》第一世の往事を追想し、二絶を賦す。

想君齠齔伴漁郎
末路竜潜亦此郷
夕日影沈雲影遠
双巌相対立蒼洋

兵威打破泰西天
屈指茫々七十年
島嶼空存当日景
英雄成敗付雲烟

想ふ君、齠齔《ちょうしん》漁郎に伴ふを。
末路の竜、亦《また》此の郷に潜む。
夕日《せきじつ》影沈んで、雲影遠く、
双巌相対して、蒼洋に立つ。

兵威打ち破る、泰西の天。
指を屈すれば、茫々七十年。
島嶼《とうしょ》空しく存す、当日の景。
英雄の成敗、雲烟に付す。

一時、北緯四十三度の地を過ぐ。寒暑針六十六度、風急に雨起る。此日舟行三百七里、今夜馬耳塞《マルセイユ》に達す可しと。舟中の人皆欣々然《きんきんぜん》として行装を理す。日暮《にちぼ》ツーロンを過ぎ、灯台を望む。既に仏蘭西《フランス》の版図《はんと》なり。

二十八日、木曜、晴。午前六時馬耳塞港に達す。万檣《ばんしょう》林立し、港は大なりと雖《いえ》ども其狭小なるを覚ゆ。東洋諸港の企《くわだ》て及ぶ可き所に非ず。船を倩《やと》ふて上陸す。一望すれば市街の楼閣空に聳《そび》へ、繁華の景況、人をして先《ま》づ喫驚《きっきょう》せしむ。税館《ぜいかん》に入り行李《こうり》の検査を受く。其の概《おおむね》を査するのみ。馬車に乗り、十二時グランドホテル*に投じ、四十三号の室を借る。該《この》館の宏麗驚く可し。門前の列樹、楓《かえで》の如きもの墜葉蕭条《ついようしょうじょう》として、印度地方の草木青々たりしとは別天地の看あり。食後市街を散歩す。女子の多く花を売るを見る。夜に入り、又鶴田・名村・沼間諸子と出遊す。瓦斯灯《ガスとう》夜を照し白昼に異ならず。真に安楽国なり。

望馬耳塞港作
四旬経過怒濤間
報道今宵入海関
雲際遥看灯万点
満船無客不開顔

馬耳塞《マルセイユ》港を望む作
四旬経過す、怒濤の間。
報道す、今宵海関に入ると。
雲際遥かに看る、灯万点。
満船、客の顔を開かざる無し。

夜歩街上口占
枕海楼台十万家
西来始是認豪華
気灯照路明於月
佳麗争馳幾輛車

夜、街上を歩きて口占《こうせん》す
海に枕《のぞ》む楼台、十万家。
西来、始めて是れ豪華を認む。
気灯路を照らして、月よりも明らかなり。
佳麗争ひて馳す、幾輛の車。

二十九日、金曜、晴和。諸子と公園に遊ぶ。*瀑布あり、極めて爽快なり。又油画《あぶらえ》の館を観る。精巧を尽せり。囿中《ゆうちゅう》*に麟《りん》有り象有り、珍禽《ちんきん》奇獣其数を知らず。車を転じてブラドー博物館*に赴く。地太《はなは》だ幽絶、館は海に面し眺望太だ佳なり。園内樹木陰翳愛す可し。聞く、一富商此の家屋を造り、死後之を官に納《い》る。其人の像、現に館内に存す。埃及《エジプト》・希臘《ギリシア》・羅馬《ローマ》の古器物・金石累々陳列し、人をして流涎《りゅうぜん》三尺ならしむ。千六百年前の石椁《せっかく》あり。厚《あつさ》七寸強、内に髑髏《どくろ》を安ぜり。羅馬の火葬骨を埋むる柩《ひつぎ》あり。方形にて四方三尺許《ばか》り、其孔の大一尺五寸、其他縷記《るき》す可からず。路を海岸に取て、五時旅亭に帰る。明日将《まさ》に巴里《パリ》に赴かんとす。衆皆其用意を為す。

三十日、土曜、陰《くもり》。午前十一時汽車に乗て馬耳塞《マルセイユ》を発す(巴里《パリ》迄上等価《あたい》一百十フランク)。一室八人を容《い》る。内に暖足瓶あり。時々之を換《か》ふ。処々に隧道《すいどう》あり、長きは之を過ぐる十二分間に至る。午後二時雨来る。車中田舎の景を観るに、本邦と太《はなは》だ異ならず。

坐看万水又千山
数日行程転瞬間
何事往来如許急
火輪不似客身閑

坐して看る、万水又千山。
数日の行程、転瞬の間。
何事ぞ、往来許《か》くの如く急なる。
火輪は似ず、客身の閑なるに。

七時、里昂府《リヨン》に達す。天既に黒く唯《た》だ市街の灯光煌々《こうこう》たるを見るのみ。憩《いこ》ふ二十分、車中にて行厨《こうちゅう》を食らふ。仮寐《かび》して夢覚《さ》むれば既に巴里に達せり。四時二十分なれば天未だ明けず。停車場より馬車に駕しカプシンヌ街のグランドホテル*に入る。其荘麗なる、馬耳塞のホテルに比すれば秦楚《しんそ》の滕薛《とうせつ》に於けるが如し。*真に世界第一の逆旅《げきりょ》と謂《い》ふも宜《むべ》なり。

十一月朔《ついたち》、日曜(西暦十二月一日)、晴。巴里の市街を遊歩す。屋宇・道路の美麗清潔なる、人をして驚愕せしむ。弁務使鮫島君の館を訪ふ。君在らず。長田《おさだ》銈太郎《けいたろう》氏も亦《また》普魯斯《プロシア》に赴《おもむき》て在らず。乃《すなわ》ち後藤書記に面して去る。栗本貞二郎氏を白韋《ペイ》街に訪ふ。亦在らず。薄暮《はくぼ》、旅館に還る。此日三絶を獲たり。

十載夢飛巴里城
城中今日試閑行
画楼涵影淪漪水
士女如花簇晩晴

十載、夢は飛ぶ巴里城。
城中、今日閑行を試む。
画楼影を涵《ひた》す、淪漪《りんい》の水。
士女花の如く、晩晴に簇《むらが》る。

五洲富在一城中
石叟陶公比屋同
南海珊瑚北山玉
廛々排列衒奇工

五洲の富は、一城の中に在り。
石叟《せきそう》、陶公、比屋同じ。
南海の珊瑚《さんご》、北山の玉。
廛々《てんてん》、排列して奇工を衒《てら》ふ。

晩餐囲案肘交肘
秦越相逢皆是友
酔臥誰能学謫仙
夜光盃注葡萄酒

晩餐案を囲んで、肘《ひじ》、肘と交はる。
秦越*相逢ふ、皆是れ友。
酔臥《すいが》、誰か能《よ》く謫仙《たくせん》*を学ばん。
夜光の盃*は注ぐ、葡萄の酒。

二日、月曜、雨。旅館は本府第一等の逆旅《げきりょ》なり。費用も随《したがい》て多し。長く留《とどま》るは計の得たる者に非《あら》ず。乃《すなわ》ち後藤氏に謀《はか》り転寓《てんぐう》の策を決す。午後、新田・本間二氏と共に門を出づ。迷ふて路を失ひ復た旅館に還り、馬車に駕《が》して新寓に遷《うつ》る。即ちホテルドロールビロン*なり。佐藤鎮雄《しずお》・池田寛治・阿部潜《ひそむ》・大野直輔・長岡精助諸氏、皆此家に宿して在り。数千里外にて多く邦人に逢ふ、大に人意を強くせり。此夕、小野弥一・河津祐之*二氏来り話す。

三日、火曜、晴。先づ旧旅館に過ぎ、栗本氏を訪《とい》て之に面し、諸事を託す。市街の一酒店に午餐す。雑沓《ざっとう》甚し。後に之を問へば、極めて下等の食店*なりと云ふ。ブウセイの裁縫店*に過ぎ、同行の衣服を製するを命ず。本邦より着し来たりしものは皆陋悪《ろうあく》にして、本府にては車夫・馬丁も着せざる様に思はる。又一笑す可し。此夜、郷書数通を写し阿部氏に託す。

四日、水曜、陰晴不レ定。阿部氏早発す。蓋《けだ》し本邦に帰るなり。此日、池田氏に誘はれ始めて市中の浴室*に赴く。価一フランクなり。名村・栗本二氏来り話す。夜雨。

五日、木曜、晴和。ブウセイ新服を携へ来たる。晩餐後、同行諸子と街頭を散歩す。

六日、金曜、晴。名村氏の寓《ぐう》を訪ひ、セイヌ河上に遊歩し、骨董舗《こっとうほ》を観る。古器・古銭極めて多し。

七日、土曜、晴、午後雨。博物園*に遊ぶ。珍禽奇獣頗《すこぶ》る多し。此夜、旧友安藤太郎*氏来たり同宿す。亦是《こ》れ客中の一快事なり。氏は岩倉大使に陪《ばい》して来航し、倫敦《ロンドン》より本日此《ここ》に来たる。余の為めに米国の風土人情を説き、深更に及んで寝《しん》に就く。

八日、日曜、好晴。島地黙雷*・梅上広延《こうえん》・坂田乾一《けんいち》*三氏亦来たる。此日、安藤・池田二子とボアドブロン*の公園に遊ぶ。瀑布あり、極めて清幽愛す可きの地なり。ザングレイ楼*に飲む。肴核《こうかく》頗る美なり。帰途、酔に乗じて安暮阿須《アンボアス》*街の娼楼に遊ぶ。亦是れ鴻爪《こうそう》泥《でい》のみ*。

九日、月曜、晴。島地諸子と遊歩し、王宮の内外を一観し、又パノラマ*を観る。パノラマは普仏《ふふつ》戦争の実景を写せしものにて、画図《がと》にして毫《ごう》も画図と思はれぬ奇幻巧妙の観場なり。斯《か》くの如き奇観は、余が生来未《いま》だ曾《かつ》て観ざる所なり。此夜、長田銈太郎氏普国より帰れり。

十日、火曜、風雨。長田銈太郎氏を公使館に訪《と》ふ。別来東京の変遷を話し、又欧洲各地の情況を問ひ、今日の奇遇を喜びたり。夜に入りて同氏復《ま》た我が寓《ぐう》に来話《らいわ》す。

十一日、水曜、陰。舜台と共に栗本氏を訪ふ。午下飛雪紛々、晩餐後、長田・池田・

安藤三氏と往《ゆき》てワランチノの歌舞場*を観る。此場に来たる者、過半は遊冶《ゆうや》少年なり。婦女も亦私窩子《しかし》*を多しとす。寓に帰る。後、佐藤・後藤二子も亦来話す。

十二日、木曜、晴。長田・安藤二子とガアル、サンブザア*に到り、一時二十五分の汽車に乗り、セイヌ河の上流を渡り(頃日《けいじつ》雨水暴漲《ぼうちょう》せり)、地道を過ぐる三処にして二時ウエルサイユに達す。此地には国会有り、大統領チエル君も此《ここ》に居《お》らる。トリアノ宮を観る。宮は路易《ルイ》十六世の居り給ひし処にて、那破侖《ナポレオン》第一世も亦《また》此宮に住まれしこと有り。宮中に路易十四世・十五世二王の肖像あり。最も宏麗なるは魯西亜《ロシア》国より那破侖帝へ贈られし孔雀石《くじゃくいし》の大水盤及び花瓶・灯台也。又同帝の読書室有り。臥榻《がとう》・机案《きあん》其他、依然として旧面目を存せり。帝の后妃《こうひ》を迎へ給ひたる室には、錦帳・繡褥燦爛《しゅうじょくさんらん》たり。人をして当時の事を追想せしむ。宮中に在る所の時辰器《じしんき》・卓子《たくし》の如き、皆宝石を以て之を造る。其の美なる驚く可し。又車輿《しゃよ》を蔵するの処有り。那破侖帝の駕せし車、及び那破侖第三世の大婚に用ひし車、路易十五世・十六世の車等、馬具に至る迄尽《ことごと》く具《そな》はる。一として荘麗ならざる無し。此宮の内園は甚だ我が旧幕府の吹上苑《ふきあげえん》に似たり。覚えず感愴の情を発せり。園中に一の茅屋《ぼうおく》有り。田舎風に造りしは、路易十六世の后が自《みず》から牛乳を絞られし処《ところ》と云ふ。園を過ぎて宮門を出《い》づれば、馳道《ちどう》に出づ。即ちブールバール、ドレエン街*なり。両側に列樹有り、亦勝地なり。一茶して去り、五時復た汽車にて巴里に帰る。

烏児塞宮
想曾鳳輦幾回過
好与淑姫長晤歌
錦帳依然人不在
玻璃窓外夕陽多

烏児塞宮《ウエルサイユ》
想ふ、曾て鳳輦《ほうれん》幾回か過ぐ。
好し、淑姫と長く晤歌《ごか》す。
錦帳依然たるも、人在らず。
玻璃《はり》窓外、夕陽《せきよう》多し。

十三日、金曜、雨。現如《げんによ》君ボアドブロンの風景を観《み》まほしとのことなれば、余東道《とうどう》となりて往《ゆ》く。雨中遊人無く、極めて静幽にして愛す可し。夜、安藤子来話す。

十四日、土曜、雨。栗本氏を訪《と》ふ。在《あ》らず。ブーセイの家に過ぎて還る。此日《このひ》羅馬《ローマ》の古銀貨*二枚を街上の骨董舗《こっとうほ》に獲《え》たり。

十五日、日曜、陰。松田正久氏本寓《ほんぐう》より他に転宿す。午下、沼間守一氏のリウ、ドモンサーの新寓を訪ふ。河津・熊谷・稲垣諸氏皆会せり。夜、原吾一氏来訪す。

十六日、月曜、晴。本日我が大使岩倉右府《うふ》、木戸・大久保諸公、英国より来たり、プレスボルク街の旅館に着せらる。*宇都宮三郎・川路寛堂・富田冬三の三氏、我が寓に来り投ず。夜、宇都宮氏と散歩す。

十七日、火曜、晴。宇都宮氏・本間耕曹氏と共に禽獣園を遊覧す。帰路天黒《くろ》し。王宮の門前にて*千里鏡を以て金星を観る。其形《そのかたち》半輪の月の如くして紫赤色を帯ぶ。夜、田辺太一氏来話す。松本為之助亦《また》来たる。寿太夫*の嫡子なり。久《ひさし》く米国に在りしと云ふ。

十八日、水曜、陰、午下、雨。シアノアン氏*来訪し旧を話す。数刻にして去る。氏は幕府の時、那破侖第三世の命を稟《う》け陸軍伝習の教師として我邦に来たり、余と交誼《こうぎ》極めて密なりし。今日図らず此《ここ》に再会す、亦是れ奇縁なり。午下《ごか》、大使の館*に赴《おもむ》き諸公に謁す。田辺氏を誘し復《ま》たパノラマを観る。氏も亦驚歎せられたり。

十九日、木曜、雨。宇都宮子と雨を衝《つい》て門を出《い》で、長田子を訪ひ＊市街に散歩す。夜、益田克徳氏来たり話し、共にワランチノに赴き舞踏を観る。

二十日、金曜、陰。栗本子を訪ひ、又益田子を訪ふ。此日日耳曼《ゼルマン》の古貨数枚を獲たり。夜、塩田三郎・小松済治・林 董《はやしただす》諸子来たり話す。

二十一日、土曜、晴。竟日《きょうじつ》寓に在て郷書を写し、諸事を理し、筺裏《きょうり》に在る本邦の製造品数種を逆旅主人に贈る。主人の喜色掬《きく》す可《べ》し。川路寛堂氏、大使の館より来たり本邦暦法改革の事を告ぐ。乃《すなわ》ち本日を以て明治五年十二月二十一日と為《な》す。

改暦十二月二十二日、日曜、晴。栗本子来たり、共に転寓に宜《よろし》き家を観る数処、竟《つい》にコルネル街第五号の逆旅＊と定む。途次、入江文郎氏の寓を訪ひ、又栗本子の家に過ぎ、共にカイ楼＊に小飲す。此夜、寓楼の近傍火有り。石川・松本諸氏奔馳《ほんち》して之を救ふと云ふ。* 夜、伊藤大輔《たいふ》に面し、田辺・福地・小松・安藤諸子と徹宵《てっしょう》閑話す。

二十三日、月曜、晴。田辺・安藤二子と一浴、ボアドブロンに遊び小飲して帰る。夜諸友又来り会す。

二十四日、火曜、晴。早起、行李を収拾し、同行の人々と共にコルネル街の逆旅に移る。此家はリュキセンビュルクの花園* に対せり。晩歩ブーセイの家を訪ふ。此夕《ゆうべ》感邪《かんじゃ》。

二十五日、水曜、晴。本日キリストマス。諸子出でて各処の寺院を観るに、士女雑沓すと云ふ。余は病を護して終日床《とこ》に在り。

二十六日、木曜、陰《くもり》。本日より女教師ラグラン来たり、諸子に英語を授《さず》く。余も亦就《つき》て学ぶ。

二十七日、金曜、陰。教師来たる。午下《ごか》、近傍の浴室* に赴《おもむ》く。価五十サンチーム。是れ極めて廉《れん》なる家なり。頃日《けいじつ》感冒に因《よ》り散歩を為さず。毎夕《まいせき》早寝す。

二十八日、土曜、晴。教師来たる。本日林・小松二氏を訪ひ、原田吾一氏に面す。長田子書有り、明日の遊びを約す。

二十九日、日曜、晴。長田子を訪ひ、共に杉山秀太・富田達三両氏をホテルドカプシンヌ*に誘し、一時五十分、汽車に乗り四十五分にてサンゼルマン*に達す。仏国の汽道始《はじめ》て架設有りしは此の間なりと云ふ。我邦の横浜と同じ。此地は高丘の上に城有り。*仏王フランソア第一世の築く所なり。巴里と相距《あいさ》る七里許《ばか》り。城内の博物館に入る。金石・陶磁・古器物・古貨幣・人骨・獣骨(世間稀《け》有《う》の物あり)を始め、羅馬《ローマ》時代の剣戟《けんげき》・弓弩《きゅうど》・簪珥《しんじ》等、枚挙に暇《いとま》あらず。城外高崖《こうがい》に臨み酒楼あり。*就て一茶す。満目の風景愛す可し。

半似鴻台半鳥邱　　半《なかば》は鴻台に似、半は鳥邱《ちょうきゅう》。
風光想起故山秋　　風光想起す、故山の秋。

登臨今日旗亭酒　　登臨す、今日旗亭《きてい》の酒。
一洗胸襟万斛愁　　一洗す、胸襟万斛《ばんこく》の愁。

此地より馳眺《ちちょう》すればセイヌ川一帯素練《それん》の如くにして、遠くモンバリヤンの砲台*を望む。此砲台は普兵の抜く能《あた》はざりし巴里《パリ》外の最大要地なり。楼丁《ろうてい》に酒肴《しゅこう》を命じ暫く林木の間を散歩し、黄昏《こうこん》再び楼に登りて飲む。酒美《び》に肉鮮《せん》なり。相共に歓を尽し、五時汽車に駕して帰る。

三十日、月曜(旧暦十二月朔)、雨。教師来たる、例の如し。カプジンヌ街に赴き髪を芟《か》る。此日埃及《エジプト》の古物二種を獲たり。

三十一日、火曜、晴。教師来たる。夜、石川子と小酌し、共に除夕《じょせき》を海外に送るの感を抒《の》べ、深更に及べり。此日、郷書を郵筒に託す。

明治六年一月一日、水曜(旧暦十二月三日)、快晴。朝起、新衣を着け公使館に赴き、拝年し書記官に面す。本館三鞭酒《シャンパン》を以て屠蘇《とそ》に当てて饗《きょう》せらる。ロウルビロンの逆旅《げきりょ》に過ぎ諸友を訪ふ。皆在らず。河野・鶴田・小室・川路・杉山諸君を訪ひ、帰路カプシンヌの酒楼に小酌して帰る。此日、アルクドトリヨンプ*に登る。石磴《せきとう》高さ数千級、巴里の全府を眼下に瞻《み》る。快極れり。此地は元日も他の観る可きもの無し。唯《ただ》士女雑沓して市街に散歩し、百の貨物《かぶつ》を多く陳列して鬻《ひさ》ぐのみ。二絶句あり。

草廬猶在墨江濆
何事閑身去若雲
万里清音河上舎
無端逢着旧東君

草廬猶《なお》墨江*の濆《ほとり》に在り。
何事ぞ、閑身去りて雲の若し。
万里、清音《セーヌ》河上の舎。
端無《はしな》くも逢着す、旧東君。

客裏新正趣更奇
蛮奴相対不相知
一瓶傾尽三鞭酒
唱出東京旧竹枝

客裏新正、趣更《さら》に奇なり。
蛮奴相対して、相知らず。
一瓶傾け尽くす、三鞭酒。
唱へ出だす、東京の旧竹枝*。

二日、木曜、雨。教師来たる、例の如し。石川子と米蘭《ビュラン》氏*の家に赴く。帰寓後、黙雷上人来話す。

三日、金曜、晴。教師来たる。午下、栗本・長田両氏を訪ひ、岩倉大使の旅館に赴き新禧《しんき》を賀す。伊藤・山口・田辺・安藤諸君と歓晤《かんご》す。夜深《よふけ》に及びしかば、就て宿す。

四日、土曜、晴。晨帰。教師来たる。此日、新田子来たり、明早此地を去るを告ぐ。晩にレキサンブルグの花園に遊ぶ。

五日、日曜、晴。エコール街に赴き、島地・梅上両氏を訪ひ、共にクリュニー博物館*を観る。館は往昔君斯旦丁《コンスタンティヌス》帝の姪アンブロジュリアンの居りし宮*なり。羅馬《ローマ》の法皇中曾て此に住みし人*ありと云ふ。館中猶《なお》当時の墻壁《しょうへき》を存する所あり。館中、羅馬時代の冠《かん》冕《べん》*其他、古器・古幣頗る多し。庭中に列する石刻の人獣亦《また》皆奇なり。館の門前に一の古物舗あり、ボーバンと云ふ。亦多く古器を陳列せり。此日、シアノアン氏を訪ふに在らず。米田桂次氏を訪ふ。亦在らず。原田吾一氏来話す。セイヌ河の露店にて各国の古銅銭を買ふ。極めて廉なり。

六日、月曜、晴。教師来たる。又シアノアン氏を訪ふ、在らず。晩来、米田氏来訪す。共にロテーオンの劇場*を観る。場の荘麗驚く可し。演ずる所は、女子の怨恚《えんい》して死し、厲鬼《れいき》となりし昔物語なりと云へど、能《よ》く言語を解せねば分明《ぶんみょう》に記載し難《がた》し。

七日、火曜、晴。米蘭《ビュラン》氏を訪ふ。在らず。夜、栗本子細君《さいくん》と蜂須賀君の令弟を携《たずさえ》て来たる。此日、関信三を倫敦《ロンドン》に留学せしむるの議を決す。

八日、水曜、晴。本日、関信三英国に赴く。教師来たる、例の如し。入江・原田両氏を訪ふ。路尼《ロニ》氏*を訪ふ。在らず。復《ま》たクリュニー博物館を観る。

九日、木曜、晴。栗本子を伴ひコントゥエルニスコント銀行*に往き、クーレイ氏*に面す。旅費為替《かわせ》の件に就てなり。ロールビロンホテルに過ぎ、米田桂次・西村勝郎・野口某と共に拿破侖《ナポレオン》第一世帝の廟*を拝す。墓碣《ぼけつ》は紫色を帯びたる宝石を以て造る。光沢瑪瑙《めのう》の如し。下層は緑色の大理石なり。全宮皆各色の石を以て磚《せん》とす。五彩爛然《らんぜん》人をして其の宏麗荘厳に愕《おどろ》かしむ。左右の廂《しょう》に帝の父母及び皇弟の墓あり。実に宇内《うだい》の墳墓、此れと相匹《ひっ》する者罕《まれ》なる可し。

哂彼驪山錮九泉
祖竜血肉霎時烟
英雄身後無遺憾
玉碣巍然億万年

哂《わら》ふ、彼《か》の驪山《りざん》*に九泉を錮《とざ》すを。
祖竜の血肉も、霎時《しょうじ》の烟。
英雄の身後、遺憾無し。
玉碣《ぎょっけつ》巍然たり、億万年。

玉碣《ぎょっけつ》の字面奇異なりと雖ども、帝の碣は実に玉《ぎょく》なり、石に非《あら》ず。尋常の思想を以て妄《もう》誕《たん》なりと為す勿《なか》れ。

那破侖帝の廟後は老兵院*なり。院に入て観るに、帝の一生の戦争に於て分捕《ぶんど》りたる各国の旗幟《きし》数百《すひゃく》*を堂中に挿《さしはさ》めり。厨下《ちゅうか》に往きて視るに、*加非《コーヒー》を沸かす大鐺《おおなべ》径三尺許《ばか》り、野菜を煮る釜は径六尺に過ぎたり。一釜以て老兵六百人の食に充《あっ》ると云ふ。院外には各国より奪ひ来たりし大砲を陳列す。砲身に亜剌比《アラビア》の文字を鋳《い》附けたる者多し。支那字有る者は近年那破侖《ナポレオン》三世が同国を攻撃せし時の獲物なる可し。中に毛利家の記章を鋳《い》附けし者を見る。是れ下《しも》の関《せき》の役《えき》に獲《う》る所か。院を出《い》でてエンテレポット(貸倉)を観る。セイヌ河の岸に在り、多く葡萄酒《ぶどうしゅ》を蔵せり。弓様の石庫は土窟と甚だ似たり。主人、余に飲ましむるに美酒を以てす。極めて旨《うま》し。此処を去りて貯水場に往て観る。蓋《けだ》し巴里全府の人、日用の飲料皆此水より引く。其場は地を鑿《うが》ち下に水道を設く。先づ一窟に入る。深さ百四十歩、燭《しょく》を執《とり》て下だる。進んで一大窟に入る。広さ数千弓、二層に水を貯ふ。中に鉄管あり、大《おお》いさ拱余《きょうよ》、縦横に路を通じ水声鏘々然《そうそうぜん》たり。地下に一大池沼を造り溝渠を通ず。殆ど人間世界に非ざるが如し。人工の妙此《ここ》に至る、寔《まこと》に驚嘆す可き也。此の地を距《さ》る咫尺《しせき》、一大公園有り。断巌危桟《だんがんきさん》を造り、窟有り、洞有り、山上に一亭を架し、坐して巴里全都を望む。亦《また》小仙境なり。途上又漕渠《そうきょ》の水門を開閉して、下流より上流に舟を通ずるを見る。極めて巧妙なるに驚けり。此日、那破侖三世病《やん》で英国に殂《そ》す。寔《まこと》に痛《つう》悼《とう》す可《べ》し。

十日、金曜、晴。教師来たる。午下《ごか》米田子来訪す。相共にレキサンビルグの礦物《こうぶつ》館*を観る。宝玉・奇石、其他礦物幾千億なるを知らず。米田子は礦学に長ぜり。故に同観、大《おおい》に益を得たり。夜間、米人カッセイ来り話す。

十一日、土曜、晴。教師来たる。舜台と書肆*数軒に過ぎ、書籍数十部を買ふ。ルーブル街に過ぎカシヲン氏*を訪ふ。在らず。ロールビロンの旅館に諸友を訪ひ、夜深《よふけ》寓に帰る。

十二日、日曜、雨。原田子を訪ふ。此夜、家書数通を写す。之を米田子に託するが為めなり。

十三日、月曜、晴。教師来たる。田辺・安藤二子を訪ふ。米田子、十五日を以て此地を発し本邦に帰る。乃《すなわ》ち郷信を托して別かる。晩に公使館に過ぎ兼松子に面す。

十四日、火曜、晴。教師来たる。栗本子を訪ふ。在らず。又、田辺・安藤・長田・小松諸子を訪ふ。林董《ただす》氏、明夕此地より倫敦《ロンドン》に移ると云ふ。晩帰。セイヌ河上に一絶を得たり。

鉄欄橋畔夜無風
夾岸万灯波亦紅
金像当頭烟忽散
月輪輾上古王宮

鉄欄橋畔、夜風《かぜ》無し。
岸を夾《はさ》む万灯、波も亦紅《くれない》なり。
金像*当頭、烟忽ち散ず。
月輪輾上《てんじょう》す、古王宮。

十五日、水曜、陰、寒。教師来たる。終日読書。

十六日、木曜、晴。教師来たる。午下出遊、途上海軍士官フゾン氏に遇《あ》ふ。共に海軍製図局に赴き、尉官バナール氏に面し、後会《こうかい》を約し去る。又ルーブルに過ぎ佐々木高行・東久世《ひがしくぜ》某両君に面す。晩に公使館に赴き、長田子及び小野弥一氏と共に散歩し、イタリヤ街の一楼に飲む。酒肴《しゅこう》精美なり。更に宇都宮子を誘しゲーテイの劇場*を観る。三貧士金鶏卵を獲て*之を擲《なげう》ち、共に王位を博し得る。其の脚色頗《すこぶ》る妙なり。就《なかんずく》レ中衆妓の蜻蛉《せいれい》の舞を為す、本邦の蝴蝶《こちょう》の舞と相似て艶麗《えんれい》人を驚かせり。

十七日、金曜、陰《くもり》。教師来たる。入江文郎氏を訪ひ、サンスクリットの事を質《ただ》す。帰途セイヌ河上の礦物舗に過ぐ。夜、黙雷上人来話す。

十八日、土曜、晴。教師来たる。此日、寒甚し。此夕、坂田諸子に誘はれ復《ま》たゲーテイの劇場に赴き、パレーロヤルの一楼に飲む。夜雨。

十九日、日曜、雨。教師来たる、例の如し。高崎少議官の寓を訪ふ。在らず。旧識シアノアン氏を訪ひ往年の交誼を謝し、始て其内室に面す。氏の書室に、余が曾て贈りし日本刀一腰《ひとこし》及び『江戸名所図絵』一部を置けり。且つ余及び荆婦*の写真も亦氏の写真帖に挿みてあり。氏の旧情を忘れざる、寔《まこと》に感嘆に堪《た》へたり。我が邦人にして故旧を視る、路人《ろじん》の如き者夥《おびただ》し。豈慙愧《あにざんき》せざるを得んや。夫《それ》より長田子を訪ひ、又大使の旅館に赴き、晩餐の饗《きょう》あり。肥田《ひだ》浜五郎氏に面す。此夕雷鳴雹《ひょう》降る。時気は極めて暖かなり。

二十日、月曜、陰《くもり》、午《ひる》に及んで晴る。舜台と海軍士官マナール氏をセルセイミヂ*の家に訪ふ。氏の隣人ジュバル日本の器物を好むと聞き往《ゆき》て訪ふ。蔵する所の日本器物極めて多く、漆器・陶器・銅器、皆愛重す可きもの有り。後会を約して去る。帰途、サンシルピスの寺*を観る。其の荘厳驚く可し。教徒蝟集《いしゅう》して教師の説法を聴く、其状本邦の教場と一般。

二十一日、火曜、雨、寒。教師来る。現如師に陪《ばい》し大使・公使の両館に赴く。夜、河津・稲垣両子来り話す。此日各地の寺院にて路易《ルイ》十六世の霊を祭る*。又途上、那破侖三世死後の写影を得たり。為めに愴然《そうぜん》。

二十二日、水曜、雨。晨起、現如師と再び大使の館に赴き、岩倉・木戸・大久保諸公に陪し、リュキセンビルグの天文台*に赴き諸器械を観る。一の精巧ならざる者無し。台の屋上は石造にして最上層に円形の室あり。鉄を以て造る。之を運転して星辰を望むに便にす。此台に、砲丸の痕殆《あとほとん》ど蜂窠《ほうか》の如き有り。之を問へば、近年乱党の変に罹《かか》ると云ふ。大望遠鏡五個有り、最も大なる者は長さ丈余にして回転自在なり。園中別に数箇の屋有り。或は日光を測り、或は新星を認むるの為めにす。新星を発見するに用ふる器は、極めて下等なる者にて四千フランクなりと云ふ。観畢《みおわ》りて更に裁判所*に赴き白洲《しらす》を観る。恰《あたか》も聴訟の最中なり。法官は正面と左右に坐す。側面に居る者一名は紅衣を着く。他は皆平常の服なり。罪人は女にて法官の前に立つ。蓋《けだ》し其《その》夫を殺せしの疑ひ有る者なり。証人二名、一は男子、一は婦人にて、交《こもご》も出《い》でて其の罪状を説く。傍聴人数十名、皆粛然として之を聴けり。法衙《ほうが》中、黒衣の我邦の坊主合羽《ぼうずがっぱ》に類するものを着し、喉下に一布を垂れし者頻々《ひんぴん》往来す。是れローエル、即ち代言人なり。法廷の側《かたわ》らに一大寺あり。*甚だ荘麗、其の壁間皆《みな》人を刑戮《けいりく》するの状を描く。*中に奇怪の刑有り、蓋し上古野蛮時代の刑法なりと云ふ。寺を出でて更に牢獄*に赴きて観る。

牢獄は天文台と相距《あいさ》る遠からぬ地に在り、周囲に堅牢なる練塀《ねりべい》を以て遶《めぐ》らせり。其の高さ二丈余、軽捷《けいしょう》なる者も容易に登り去るを得ざる様に造りたり。獄室内は極めて清潔にて、我邦の囹圄《れいぎょ》などとは同日の談に非《あら》ず。且つ一房に一囚を置く。又大房に数人を容《い》るる所有れど、臥房は必ず一人づつ之を異《こと》にす。房内に枕衾床椅《ちんきんしょうい》有り、獄舎は六角に造り中央に警吏の臨監する処《ところ》有りて、一目に六方を見渡すなり。浴室有り、極めて美なり。一月一次囚人を浴せしむ。又、毎朝盥漱《かんそう》する処有り。遊歩場有り。別に群歩を為す可き地有り。囚人皆各自の工業を執《と》る。或は織紝《しょくじん》を為し或はマッチを製す。獲《う》る所の銭、半《なかば》は官に帰し、半は己《おの》れの有となる。以て物品を買ふ可し。囚人多くは之を以て酒を買ふと云ふ。獄中に旧教・新教の説教場あり、蓋し新教の席は狭く旧教の方は広し。又、学師書を講ずるの席あり。飲食は日に水と麵包《パン》を与ふ。スープも二回づつ与ふ。一週間に両度肉を食はしむ。現今囚人総計千人余あり。別に病院有り、病囚之に居る。室も甚だ広くして薬室其の傍らに有り。又解剖所有り、中に大俎《たいそ》を安ず。囚人の衣服及び携帯し来たる物は皆之を一室に貯ふ。蓋し入獄の時之を帳簿に記し、本人をして其の名を書せしめ之を預り置くなり。又親戚の来たりて囚人に面会するの室有り。百事整頓し、厳は厳を極め慈は慈を尽くす。寔《まこと》に感嘆に堪《たえ》ざるなり。此日、獄舎にて上下両層の吏人通話するの器を観る。其の形喇叭《ラッパ》の如し。其の蓋を開《ひらき》て之を吹く、声笛《ふえ》の如し。然る後、口を管に接して話す。忽《たちま》ちにして笛声再び響き彼方より答辞来たる故、我が耳を管に接して之を聴く。亦便利の器械と謂《い》ふ可し。此日、府内の各寺院那破侖三世の祭典を修めたり。

二十三日、木曜、晴。教師来たる。午後、宇都宮子を訪ふ。又小野子と時計師コットトの家に遊ぶ。此日一月の分宿費を逆旅主人に払へり。

二十四日、金曜、雨又晴。教師来たる。ブーセイを訪ひ、又東洋書林*に赴き書籍を買ふ。栗本氏に過ぎ共に街楼に一酌す。

二十五日、土曜、晴。教師来たる。終日読書。

二十六日、日曜、晴、新寒頗る厳なり。又コットを訪ふ。此日、故郷に郵送する物品を蒐集《しゅうしゅう》す。夜、入江文郎氏来話す。

二十七日、月曜、晴、寒。教師来たる。晩に大使の旅館に赴き、田辺・池田・安藤諸子と話し、共に小松子の寓に赴き就て宿す。恰《あたか》も好《よ》し横山孫一郎氏瑞西《スイス》より来たり、其地の情況を話す。

二十八日、火曜、晴、寒甚し。始《はじめ》て氷を見る。早朝寓に帰る。教師来たる。此日、家信郵品を塩田子に托す。

二十九日、水曜、晴。教師来たる。公使館に赴き、長田・栗本に面し、帰途ロールビロンに往き、田辺・小松・横山諸子と飲む。西村勝郎氏亦《また》在り、又就て宿す。本日は旧暦正月元日なり。

三十日、木曜、陰、午天雨雪霏々《ひひ》。終日ロールビロンに在り、夜に入て帰る。風景極めて妙。

三十一日、金曜、陰、寒。此日、米人カッセイ来話し明日カタコンブを観ることを約す。頃日《けいじつ》得る所の詩を左に録す。

哭那破侖第三世　那破侖《ナポレオン》第三世を哭す
勝敗何論鼠囓猫　勝敗何ぞ論ぜん、鼠《ねずみ》猫を囓む。
英雄末路奈蕭条　英雄の末路、蕭条《しょうじょう》を奈《いかん》せん。

判他独逸新天子
高枕而眠従此宵

　雪中口占
楼台幾処捲羅帷
点綴六花観更奇
身似邯鄲枕中客
黄粱一夢未醒時

四辺鸞鏡皎無塵
身是水晶宮裏人
不識門前三尺雪
金炉銀燭満堂春

判す、他《か》の独逸《ドイツ》の新天子。
枕を高うして眠るは、此の宵よりす。

　雪中の口占《こうせん》
楼台、幾処か羅帷《らい》を捲く。
六花《りっか》を点綴《てんてい》し、観更《さら》に奇なり。
身は似る、邯鄲*枕中《かんたんちんちゅう》の客に。
黄粱の一夢、未だ醒めざる時。

四辺の鸞鏡《らんきょう》、皎《きょう》として塵無し。
身は是れ、水晶宮裏の人。
識《し》らず、門前三尺の雪。
金炉銀燭、満堂の春。

二月一日、土曜、雪意。教師来たる、例の如し。午後一時米人カッセイ氏及び同寓《どうぐう》三子と共にカタコンブ(即ち地下の旧墓地)を観る。地中に入る窟門は天文台の側《かたわ》らに在り、*男女陸続《りくぞく》皆蠟燭《ろうそく》を小板上に樹《た》てたる物(我邦の手燭《てしょく》と一般)を買ひ火を点じて入る。数百級を下《く》だれば、地下四通、宛《あたか》も街衢《がいく》の如し。之を過ぐる数百歩にして又一窟に入る。是れより左右尽《ことごと》く髑髏《どくろ》なり。手足を積む宛《あたか》も薪を積むが如く、其上《そのうえ》頭骨累々然《るいるいぜん》たり。其の数幾千万億なるを知らず。殆《ほとん》ど幽冥界に入りし心地す。蓋《けだ》し仏国上古、死者有れば皆地中の街衢に担《にな》ひ入れ之を埋葬せし者なるを、一千八百年比《ごろ》*に之を発見し斯《か》く取纏《とりまと》めて古蹟を観ることを得せしめ、一年に一回縦観を許すと云ふ。其の街衢四方幾十町あるを知る可からず。半《なか》ば土石に埋れ、出入の危険なる処には禁二通行《つうこうをきんず》一の標木《ひょうぼく》有り、且つ巡査其処《そこ》に居て濫入を防ぐ。屈曲迂回して行けば別に地上に出づるの一路有り。此れより出づれば前《さき》に入りし処より遥かに隔たりし街上にてありし。外国人の観者皆云ふ、斯くの如き奇境は他国に曾《かつ》て無しと。晩に小野子を訪ひ、共に一酌しウァランチノの舞場に遊ぶ。

二日、日曜、晴。写真舗に赴き写影し、ミゼー、ルーブル(博物館)に過ぎて観る。埃及《エジプト》・羅馬《ローマ》の古像・古物より油画の精巧を極めたるもの、実に人目を驚かせり。此日、栗本子来話す。

三日、月曜、雨。教師来たる。公使館に赴き鮫島公使に面し、造幣局を観る為めの依頼状を乞ふて還《かえ》る。此日、大倉喜八郎*氏に会ひ郷信を得たり。共に大使館に往き、又パノラマを観る。転じてロールビロンに過ぎ、福井氏を誘し市街に遊歩す。寓に帰れば宇都宮・稲垣二氏来たり、明日和蘭《オランダ》に赴くを告ぐ。

四日、火曜、晴。教師来たる。本日シアノアン氏の邸に招飲の約あり。塩田・原田・長田三子と共に赴く。同氏の日本に在るや余の交り最も親しく、且つ当時余の職位、三子の上に在りしを以て、本日の宴に余を以て上賓と為《な》せり。同氏の叔父及び家族尽く出でて歓《かん》を尽くし、饗膳亦《また》盛美なりき。

五日、水曜、雨。教師来たる。小野子と大倉氏を訪ふ。在らず。又、鶴田・名村・岩下三氏を訪ひ、共に伊太利《イタリア》街に在る手技の観場*に上《の》ぼる。其の技、本邦人の為す所に類するも極めて奇幻なるもの有り。技人先づ豆を空鐺《くうとう》中に投じ蓋《ふた》を蔽《おお》ひ、之に向ふて小銃を発し、蓋を啓《ひら》けば鐺中の豆は既に加非《コーヒー》と化したり。之を看客《かんきゃく》に飲ましむ。余も亦《また》之を飲みたり。又一銀貨を弄《ろう》し之を手中に匿《かく》し、更に一橙子《とうし》を出だし刀を以て之を横断すれば、銀貨刀に触れて橙子より迸《ほとばし》り出づるの類なり。此日、新靴を穿《うが》ちしに左足痛みて歩する能《あた》はず。之れを靴工に質《ただ》す。工人曰く、日本の人は何故か左足の右足より大なる者多し、君も亦然《しか》るかと。余《よ》熟く思ふに、我邦の士人は幼少より両刀を佩《お》べり。之れが為め左足に力の入るよりして自然に右足より巨大なるを致せるなる可《べ》し。之を友人に質《ただ》すに皆余と同案なりき。

六日、木曜、雪。小野子と共に器械展観場*に往て観る。場はゲイテー劇場の前に在り、水車の類、耕織の器械、望遠鏡、顕微鏡、時辰器、写真器、舟車の雛形《ひながた》、宮殿の縮図(印度《インド》古代の堂宇の若《ごと》きは頗《すこぶ》る本邦の建築に似たり)其他有らざる所無し。帰途ノートルダムの寺院に過ぐ。巴里《パリ》中有名の巨刹《きょさつ》なり。荘厳驚く可し。寺はセイヌ河に臨む。其の境内に一館有り。*河に溺れて死する者を置き、其の親族の尋ね来るを待つと云ふ。屍《しかばね》を置く室は玻璃《はり》障を以て囲めり。現に老婆の死体あり、数日前溺死せし者と云ふ。亦教徒の慈恵心深きを知る可し。

七日、金曜、風雪。教師来たる。大倉氏来訪し、明日巴里を発し倫敦《ロンドン》に赴くを告ぐ。同行諸子と写真舗に赴き写影す。夜に入り河津・小野二子来話す。

八日、土曜、又雪。教師来たる。梅上・島地・坂田・小野四子来話す。共にジパル楼*に飯《はん》し、カルバルの曲馬場*に往《ゆき》て観る。嬋妍《せんけん》たる少婦駿馬《しゅんめ》に跨《またが》り奔馳《ほんち》電《いなずま》の如く、且つ各種の技芸を奏す。亦一奇観なり。最も奇とす可きは一馬の音楽に随て舞跳《ぶちょう》するにて有りき。一絶有り。

鉄蹄翔処翠裙披
狂蝶穿簾鶯遶枝
千古誰追項王感
烏騅背上舞虞姫

鉄蹄翔《か》ける処、翠裙《すいくん》披《ひら》く。
狂蝶簾《すだれ》を穿《うが》ち、鶯《うぐいす》枝を遶《めぐ》る。
千古誰か追ふ、項王*の感。
烏《う》騅背上《すいはいじょう》、虞姫《ぐき》を舞はしむ。

九日、日曜、又雪。小野子と長田子を訪ふ途上に逢着し、共にパレイロヤル*に遊び、晩来オデヲン劇場近傍の小楼に一酌す。又サンミセル*の茶亭にて衝球《しょうきゅう》の戯を為す。此日、小野子我が逆旅《げきりょ》に移住す。

十日、月曜、又雪。教師来たる。大使の旅館に赴き、塩田子に面し郷信を託す。夜一時、風雪を冒《おか》して帰る。寒甚し。

十一日、火曜、天晴る。教師来たる。島地・梅上来話す。河津子亦《また》夜話に来たり、共に近街に一茶す。此日より英学の余暇、仏の文典を読む。

十二日、水曜、陰。晩来教師来たる。大使の旅館に赴き塩田子を餞《せん》す。

十三日、木曜、雨。教師来たる。午下《ごか》小野・石川二子と寒を忍んでボアドバンセン*に遊ぶ。巴里の外郭を出でて、林園の風景最も好き地なり。池水縈回《えいかい》し卉木《きぼく》森然《しんぜん》たり。茶店野橋極めて静幽の趣き有り。此辺には貴人豪家の別墅《べっしょ》多し。林亭に就て一酌す。亭に児女の書を読む有り。年十歳計《ばか》り、其の美なる玉の如し。後来一尤物《いちゆうぶつ》たる想う可し。晩来旧路を取て帰る。此日寒威凛烈《りんれつ》、全身殆《ほとん》ど凍らんとす。

十四日、金曜、晴。教師来たる、例の如し。午下、同行諸子と公使館の書牘《しょとく》を携へ、造幣局*に赴きて之を観る。造幣の器械頗る荘大精巧にして、銀貨(五フランク)を造るに、一秒時間一枚を造り得るなり。其《その》容易なること、人をして瞠若《どうじゃく》たらしむ。蓋《けだ》し一日造る所の額は、本邦の四万円前後なりと云ふ。記念銭・賞牌《しょうはい》を造るも亦本局に於てす。局内に古代よりの金銀銅貨及び各国の貨幣を陳列す、其の数《かず》億のみならず。晩来大使館に赴き伊藤君に面す。長田子亦来り会す。

十五日、土曜、陰。教師来たる。長田・後藤両子来たり誘し、梅上・島地・坂田諸氏と共に訓盲学校*に赴く。群盲書を読み文を作る。其師亦盲なり。諸生に既に学びたる文典を訊問するに、応答流るるが如し。読む所の書*は其《その》文字符徴《ふちょう》にして凸形をなし、手にて摩して読む、其法極めて妙なり。学事の余、衆盲皆木器を造り藤床《とうしょう》を編む。其他、風琴を弾じ活字を塡《てん》す。各々巧拙あり。隣校は瞽《ご》女《ぜ》の居る所なり。音楽と裁縫との二科を分かつ。製造品は売て以て生徒の費用に充《あ》つ。余も盲人所製の木盃一箇を買ふて帰る。

夜、大使館に赴き岩倉・木戸両公に謁す。是日《このひ》途上傘を失なへり。

十六日、日曜、晴。貨幣局前の古物舗に赴き古金貨二枚を購《あがな》ふ。一は木戸公の嘱《しょく》なり。帰路、大使館に赴き木戸公と対話数刻、田辺・安藤二子、亦分袂《ぶんべい》の近きに在るを話す。寓に帰れば、長田子より郷信を送附せらる。余、故国を出《い》で数月を経たり。本日始《はじめ》て家信を得る。其喜び比す可き無し。書を寄せしは、森・楠二兄、荊妻《けいさい》、謙児、舟橋玉卿、国井忠雄、竹内財次等なり。

十七日、月曜、晴。教師来たる。本日、岩倉大使の一行将《まさ》に此地を発し比耳義《ベルギー》に赴かんとす。同行諸子と之を餞《はなむけ》せんとて大使館に赴き、送《おくり》てリウダンケルクの停車場*に至り諸君に別かる。帰途ビットショウモンの公園*に遊び一茶す。此園は極めて清絶、瀑布有り一奇観とす。此日晴和、巴里城中始めて春色を覚えたり。晩来同行諸子及び小野子と共に、梅上・島地二子をサンミセルの一楼に招き小飲す。梅上子英国に赴くを餞する為め也。

十八日、火曜、晴。教師来たる。終日書を読む。

十九日、水曜、陰《くもり》。教師来たる。小野・長田二子とブーセイの家を訪ふ。主人、余輩を隣楼に延《ひき》て饗す。

二十日、木曜、陰、烟霧晦冥《かいめい》、寒気甚し。*教師来たる。原田子来たり誘しロニイ氏*を訪ふ。氏の家はポトクウルセル郭門*外に在り。氏蔵書数十巻を出《い》だし余に示す。余、原田子と共に同氏の人種論新著書の会社*に加入せり。此夜、ジミナアジュ劇場*を観る。近年の名妓カメリアの情郎に邂逅《かいこう》せしより情交日に密を極め、後、情郎が父の叱責《しっせき》を蒙り郭外の別業に閉居するを聞き、カメリア之を踵《しょう》して其家に往き情郎の父に説諭され、已むを得ず佯《いつわり》て情郎と好《よしみ》を絶ちしより其の怒りを受け、大に茶亭にて辱かしめられ竟《つい》に病に臥し、一月一日危篤の際に至り、情郎が父の許しを得てカメリヤの家に来たる、病者之を見て喜び極つて絶するの事を演ず。*日来《にちらい》極めて看客の喝采を得たるものと云ふ。

二十一日、金曜、陰、寒。教師来たる。今村和郎氏来話す。此夜よりサンスクリットの文典を訳す。

二十二日、土曜、陰《くもり》。教師来たる。諸筺《しょきょう》を整理し室内を灑掃《さいそう》す。

二十三日、日曜、陰雨。此日、坂田子の里昂《リヨン》に帰るを送り、福地源一郎氏をグランドホテルに訪ひ、話して夜深に及ぶ。氏は近日土耳其《トルコ》に赴かんとす。

二十四日、月曜、陰、午下風雨。教師来たる、例の如し。晩に小野子とパレーロヤルに散歩し、小酌して帰る。

二十五日、火曜、晴。本日、基督《キリスト》教の食肉日。* 各戸休業日曜の如し。小野子と長田子を訪ひ共にグランドホテルに赴き、福地・島地二子の行を送り停車場に到る。此日、寓房の小扃《しょうけい》烈風の為めに自《おのず》から鎖閉し、其鍵は房内に在りて頗る困却したりしが、楼丁為《た》めに工人を呼び扃《かんぬき》を啓《ひら》かしめ、漸く房内に入るを得たり。亦是れ一噱《いっきゃく》。

二十六日、水曜、雨又晴、頗る暖和。教師来たる。小野子と米国の歯医某氏の寓を訪ひ、仮歯の製造を托す。帰途、普仏戦争償金*の観場に入て観る。蓋し仏国の普国と戦て敗れ、之れに送りし償金の高を地金に直したる総数を衆人に示す為めなり。其質は木にて方形に造り之に金箔を着せたり。之を積む、高さ数丈に及ぶ。場丁《じょうてい》云ふ、此の金を延ばして線と為せば全地球を二周す可きなりと。余謂ふ、我が本国の敗衄《はいじく》して敵に取られし償金の夥《おびただし》きを衆人に示すは、奇怪なる人情なりと。然れども国人の奮発心を興起せしむるの術か、是れ亦知る可からざるなり。

二十七日、木曜、陰。教師来たる。又、小野子とパレーロヤルに逍遥す。夜雪。

二十八日、金曜、雨又晴。教師来たる。此日、郷信を郵便局*に送る。価三十フランク。

三月一日、土曜、雪霏々《ひひ》。教師来たる。午下、歯医の家を訪ふ。夜、名村子来話す。

二日、日曜、晴。朝来、隣坊ラシンヌ街の書肆に火起り、瞬頃《しゅんけい》に消たり。原田氏の寓を訪ふ。午下、微雨乍《たちまち》晴。同行諸子とレキサンポルグの博物館*を観る。油画及び石刻の偶像極めて多し。聞く、当今生存の人の画《えが》く所は皆該館に陳列し、其人没する後は之をルーブルの館内に移して陳列すと云ふ。館を出でアックリマタシオンの公園*に遊ぶ。園内に闘鶏場あり。又多く珍禽異獣を養ふ。斑馬・袋鼠の類を始め猴属の如きは数十種の多き有り。又、海水を貯へ魚蝦《ぎょか》を放ち、玻瓈《はり》障之を囲む故、細かに水中に游泳する状態を見る可し。園中に遊ぶ児童をして、象或《あるい》は駱駝《らくだ》・駝鳥《だちょう》に騎《の》り て遊ばしむ。草木も亦珍奇の物を培養す。熱帯の花卉《かき》は皆玻璃屋内に植ゆ。椿・躑躅《つつじ》の類、皆盛開爛漫たり。亦是れ小仙境なり。

三日、月曜、晴又雨。教師来たる。川路利良子、岩下生と共に来訪す。午下、入江文郎子を訪ふ。又長田子を訪ふ。在らず。此日第二の郷信を得たり。

四日、火曜、雨。教師来たる。小野子と共に長田子を訪ひ、又ロールビロンに過ぎ池田子に面す。夜ホリーベルジエー*に遊ぶ。劇場の小なるものにして本邦の寄席に類するものなり。看客随意に酒を飲み、烟を喫するを得る。劇場の厳整なるに似ず、其の席価二フランクなり。奏楽舞踏は劇場に異ならず。両男子の一小児を左右より擲《なげう》つ、殆ど毬《まり》の如し。小児翩々《へんぺん》として蝶の如く、或は空に翔《かけ》り或は縄に倒懸《とうけん》す。軽捷《けいしょう》驚く可し。又、自転車に乗る伎人《ぎじん》有り。玻璃瓶《はりびん》数百を並列し其の間を屈曲して行く、一瓶にだも触れず。其の妻亦《また》巧みに乗る。最後、伎人其の妻を肩に負ひ車を馳《は》せて場中を巡る。亦綽《しゃく》として余裕有り。次に滑稽奴、酒倉に入り酒を偸《ぬす》む。酒瓶尽く美人に化して舞踏す。次に影戯を現ず。頗る荘大なり。本邦此戯の幺微《ようび》なるに似ず。帰途エマ氏*をホンテーヌ十三号の家に訪ふ。

五日、水曜、雨。教師来たる。同行諸子と馬車に駕し、セーブルの陶器製造所*に赴く。地はセイヌ河の下流に在り、河に傍《そ》ふて往く二里許《ばかり》、製造所に達す。其の偉大荘麗なる、人をして喫驚《きっきょう》せしむ。陶窰《とうよう》皆煉化《れんが》石を以て築く。製造の工人数百、皆課を分つて其業を執《と》る。別に陶器展観場有り、広く諸国の陶器を集む。而して其の画様の精妙なる、磁質の美麗なる、此場の製造品第一流に居るに似たり。而して花瓶一箇其の価六千円に至るもの有り、以て泰西富裕の一斑《いっぱん》を知る可し。帰途パレーロヤルに晩酌す。同行、ホリーベルジェーに遊ばんと請ふ。乃《すなわ》ち又往《ゆき》て観る。

六日、木曜、晴、寒。教師来たる。ブーセイの家を訪ひ、グランドホテルに過ぎ渋沢誠一・中島才吉両氏に面す。両氏は伊太利《イタリア》より来たり、黙雷師の書を余に伝ふ。

七日、金曜、雨。教師来たる。鶴田・名村二子来話す。此日、寓に在《あり》て行李《こうり》を整頓す。近日此地を発するの議決《けつ》せしを以てなり。客寓送別の詩二首を此に追録す。

送塩田三郎帰本邦
故園曾唱送君詞
猶記凄風吹客衣
誰料離郷五千里
又操旧調送君帰

塩田三郎、本邦に帰るを送る
故園曾て唱ふ、君を送る詞。
猶《なお》記す、凄風、客衣を吹くを。
誰か料《はか》らん、郷を離るること五千里。
又旧調を操《あやつ》りて、君の帰るを送らんとは。

別島地黙雷
客身同値海西春

島地黙雷に別る
客身同じく値《あ》ふ、海西の春。

来燕去鴻情更親
何事夢間添一夢
他郷翻送故郷人

来燕去鴻《こう》、情、更に親しむ。
何事ぞ、夢間、一夢を添へ、
他郷、翻つて故郷の人を送らんとは。

八日、土曜、晴。教師来たる。小野子とブウセイを訪ひ、時計商コットの家に過ぐ。又ロールビロンに赴き渋沢・中島二子及び三井組の松村利三郎、島田組の清水喜兵衛に面す。帰途中島子とヴァランチノに遊ぶ。

九日、日曜、美晴。同行諸子とボアドブロンに遊び、其の全境を観る。夜ロデヲンの劇場に赴く。毒婦其の継子を鴆殺《ちんさつ》せんとするを知り、其妹なる実子毒を奪ふて飲み代り死するの事を演ず。人をして惨然《さんぜん》たらしめたり。

十日、月曜、晴。教師来たる。コントワルデスコオントに赴き、クウレイ氏に面し、預け金一万フランクを請取《うけと》り返る。又、河津氏を訪ふ。宇都宮・稲垣二子独逸《ドイツ》より帰りたり。米人へボン翁*近比《ちかごろ》此地に寓し、本日来り訪ひ懇《ねんご》ろに再会を約して別かる。晩来、石川・松本二子とランガルド氏をグランドホテルに訪ふ。在らず。帰途、街上に遇ふ。乃ち共に欧羅巴亭《ヨーロッパてい》*(酒楼)に飲む。此夕「啼鳥銜レ花舞。奔泉抱レ石流」の句を獲《え》たり。*本日微雪灑《そそ》ぐ。夜に入て雨。

十一日、火曜、陰、晴定らず。教師来たる。小野・石川二子とロニイ氏を訪ひ、其の社に入り金を附し証書を受取る。該家にて波蘭《ポーランド》人ロバロア氏に会ふ。氏は日本に航するの志有り。主人待遇極めて渥《あつ》し。印度字の疑義数項を質問し、又社中の種字局を巡覧して帰る。夜雨。ヴァランチノに遊び小野善助・上沢屋某に遇ふ。此日我が寓の食堂に一書生の酔て酗《く》し硝子《ガラス》障を摧《くだ》くを認む。余欧洲に来たりしより数月、始めて酒を使ひ暴を為す者一人を見る。泰西風俗の美なる敬服す可し。

十二日、水曜、陰、寒。教師来たる。授業此日を以て卒《おわ》る。同行、近日伊太利《イタリア》行をなす為めなり。教師に本邦の物産数種を贈る。小野子と共にグランドホテルに赴き伊太利人デロル氏に面し、氏及び浅野幸兵衛と欧羅巴亭《ヨーロッパてい》に小飲す。此夜ブーセイ同行諸子を招き、オペラの演劇*を観せしむ。此国第一の劇場なり(一席の価八十フランク)。場内広さ二千五百人を容《い》る可し。正面に帝后の観棚《かんほう》有り、看客皆礼服を着くるを例とす。其《その》演劇皆古語を用ふ、殆《ほとん》ど我邦の散楽《さんがく》と趣きを同くす。而して女伎の舞踏に至ては他の劇場に異なる所無し、唯《た》だ美麗を極むるのみ。戯中水底の景色を示す。密に銀線を張り中に緑藻《りょくそう》・青萍《せいへい》を点したる如きは実に人目を眩《くらま》せり。歓を尽くして帰る。夜雨。

十三日、木曜、陰又晴。同行諸子と汽車してウェルサイルに赴き、路易《ルイ》十四・十六二王の宮殿を観る。園池亦《また》荘麗闊大、巴里の王宮に過ぎたり。又博物館に入る。油画の大なるものはルーブルに在る所より一層優れるに似たり。再びトリアノン宮を一覧し、六時の車にて帰る。此日、将軍マクマホン君*を途上に見る。白髪蒼顔の偉丈夫なり。

十四日、金曜、晴。公使館及びロールビロンに赴き、池田・長田・松田・鶴田・名村諸氏の許《もと》に過ぎ、伊太利行を告げて帰る。此日、古貨幣館に過ぎ其の看守人に面す。其《その》人《ひと》事を解せず直《ただち》に辞して去る。

十五日、土曜、雨、午晴。同行諸子と行装を理《り》す。明日此地を発する故なり。衣服・

書籍の三筐をブーセイに託し、又、里昂《リヨン》停車場に赴き、明日の発車を約して還る。夜、小野子と共に散歩しロッセル氏*をモンマルトン*に訪《と》ふ。

十六日、日曜、晴。晨起、入江文郎子を訪ひ書筐を其《その》寓に預け去る。午後三時五分リオン発車場より*汽車に乗りて発す。将《まさ》に伊太利に赴かんとするなり。同行皆与《とも》にす。小野子東道たり。ムラン*を過ぎ四時四十分ホンテンブロウ*に憩ふ。此地よりセイブルの陶器を作る土を産す。七時二十分ラホース*に着し、八時二十分トンネイユ*に晩餐す。三時四十分マコンに到り汽車を換ふ*。名産のマコン酒*を飲む。甚だ美なり。五時斯《この》地を発し徹夜走過す。

十七日、月曜、雨。黎明ホンダム*に抵《いた》り、七時アンペリウ*に達し、留《とど》まる四十分。

客身遠逐汽烟飛
千里風光一望奇
来路未収紅旭影

客身遠く、気烟を逐《お》ひて飛ぶ。
千里の風光、一望奇なり。
来路《らいろ》未だ収めず、紅旭《こうきょく》の影。

前山已濺雨霏々　　前山已《すで》に、雨を濺《そそ》いで霏々《ひひ》たり。

是《こ》れより、右に山骨の稜々《りょうりょう》として瀑布《ばくふ》の潺々《せんせん》たる有り。小湖時《とき》に現じ時に隠れ、風景愛す可し。* 其地ボションと云ふ。* 九時二十八分キロスに達し* 又車を換ふ。大湖の傍《かたわ》らを過ぎ、又隧道《すいどう》数処を経過す。三時後山渓の間、* 流泉・小橋頗《すこぶ》る風致有る地を馳《は》せ、四時十分モダアヌに到る。* 即ち仏国と伊国の境界なり。税館に入る。行李《こうり》を検する極めて寛なり。一飯後、車を換へて発し隧道二処を過ぎ、有名なるモンセニーの大隧道に入る。* 其の長さ三里九町なり。走過する二十三分時間を費やす。此の隧道、層巒《そうらん》大岳の腹を鑿《うが》ち其工十三年にして成り、紀元千八百七十一年、始て車を通ずると云ふ。地道中灯を点ずる其数二十余基、世界第一の隧道なり。黒暗界を出《い》でてセバルドネシヤの地に着すれば、* 飛雪紛々として地上尺《しゃく》に盈《み》てり。衆皆一驚を喫す。

斜陽影裏破雲行　　斜陽の影裏、雲を破りて行く。
地道冥々三里程　　地道冥々《めいめい》、三里の程《てい》。
走出洞門天未晩　　走りて洞門を出づれば、天未だ晩《く》れず。

満山積雪照人明

満山の積雪、人を照らして明らかなり。

九時チュランに達し、ホテルドヨーロップ*に投宿す。屋宇《おくう》亦荘麗見る可し。乾蕎麦を食《くら》ふ、味頗《すこぶ》る佳なり。以太利の家屋は多く弓様の建築*多し。且つ赤色の瓦を以て屋を蔽《おお》ふ、頗る本邦に似たり。唯だ本邦の瓦は伏し、伊国の瓦は仰ぐ、*是れ其の異なる所なり。該《この》国石に富む。故に大理石を用ふる処極めて多し。又画図《がと》に巧みなり。故に障壁《しょうへき》往々画図を以て飾れり。街上客を載せ貨物《かぶつ》を搬《はこ》ぶ大馬車は、仏国よりも美麗にて金光朱色煌々《こうこう》として人を射る。此夜鏘々《そうそう》絃を弄《ろう》する如き響きを聴く。蓋《けだ》し寺院の鉦声《しょうせい》なり。

十八日、火曜、雨。朝餐後チュランを発し、又汽車に上《の》ぼる。一川《いっせん》*激浪の漲《みなぎ》るを見る。蓋《けだ》しモンセニー連岳の雪泮《と》けて流るるなり。左右の田園、黄菜花盛開《せいかい》、大《おおい》に故国の風景に似たり。五時四十分米蘭府《ミラノ》に達しホテルドミラン*に投ず。此日、古代戦死の士を祭るが為めに家々国旗を掲げ頗る雑沓《ざっとう》なり。晩餐後、小野子と出遊す。斯地《このち》娼楼多くして*仏国に比すれば価《あたい》も極めて廉《れん》なりと云ふ。此日一絶を獲《え》たり。

想見富饒冠各州
満城士女自優游
鉦声断続天将暮
細雨春寒古石楼

想見す、富饒《ふじょう》、各州に冠たるを。
満城の士女、自《おのずか》ら優游《ゆうゆう》。
鉦声《しょうせい》断続、天将《まさ》に暮れなんとし、
細雨、春寒し、古石楼。

米蘭府《ミラノ》は伊太利《イタリア》中頗《すこぶ》る繁華の地にして、仏国の巴里《パリ》に彷彿《ほうふつ》たる所有り。市街に巨刹《きょさつ》多ければ日夕鉦声絶えず。且つ風俗急迫ならず、極めて風致ある地なり。

十九日、水曜、陰雨。朝餐後、デロロ氏*がビアクザニイ*十八号の家を訪ふ。其家の主管東道《とうどう》を為し米蘭の大刹《たいさつ》*に詣《もう》づ。其の堂塔皆大理石にて造り、屹立《きつりつ》して剣の如く、中に五色の玻瓈《はり》を以て飾り、光彩眼を射る。又ガルレリイの廊巷《ろうこう》*を観る。極めて美麗なり。午後デロロ氏自《みず》から来たり誘し停車場に赴き、予約を以て伊太利周遊の汽車賃*を払ふ。一名百八十フランク、此法になせば価極めて廉《れん》なり。若し臨時一府毎《ごと》に車に乗れば、殆ど此額の一倍に及ぶ可しと云ふ。博物館*を観る。館前に那破命《ナポレオン》第一世の銅像*有り、極めて荘大の物なり。館中古代の石像・油画を夥《おびただ》しく陳列す。蓋し他邦及ばざる所にして、英仏諸国より画工の此《ここ》に来たり古画を摸する者陸続《りくぞく》絶えず。現今も此館に来たり摸する者四、五十名あり。又馬車に駕しアルクドトリヨンプ*即ち奏凱閣《そうがいかく》に登り観る。其頂《いただき》に女神及び駿馬《しゅんめ》を安ず。皆銅製にて其大なる、真の人馬に数倍なり。閣は石を以て築く。皆大理石なり。此の閣は仏のアルクトトリヨンプに比すれば較《や》や小なるも、美麗なるに至りては迥《はるか》に彼《か》れの右に在り。黄昏、又デロロ氏を東道としてサンダラダグンダの劇場*を観る。二男子海中に入て神人及び女仙に邂逅《かいこう》し、又鬼窟に陥る等のことを演ず。其の暴風波浪を捲き火山の火を噴する景状の如き、実に人目《じんもく》を駭《おどろ》かしたり。

二十日、木曜、晴又雨。朝来市街を散歩し、一茶して帰寓す。デロロ氏来誘し、米蘭《ミラノ》府第一の割烹《かっぽう》コヲバ楼*に登る。酒肉豊美なり。夫《それ》よりビアハスキロロ*第十四号に住むソンゾギョ氏の家を訪ふ。新聞紙発兌《はつだ》を業とす。頗《すこぶ》る盛大の営業なり。二年前迄は器械にて一時間に三千枚を刷出せしが、当今は一時間に八千枚を刷ると云ふ。又着色の画図を刷るを観る。本邦の錦絵と略《ほ》ぼ似たり。蓋し其画法の精妙なる、感嘆す可《べ》し。又サンカルロの寺*に詣づ。宝石もて磚《せん》と為す*、其の美驚く可し。帰途公園に過ぐ*。大《おおい》に本邦の風致あり。園甚だ闊《ひろ》し。其背《うしろ》には病院の大建築あり*。園内に博物館を設く。鳥獣虫魚の類極めて多し。人骨及び乾屍《かんし》・枯蛇《こだ》・化石・奇貝、累々《るいるい》陳列す。余デロロ氏と停車場に赴き、車券を買ふ。此日金貨を紙幣に換ふ、*百中十三の益あり。仏の富と伊の貧と其《その》別瞭然知る可し。其日、古玉・古器・画図の類を購《あがな》ふ。一浴す。浴盤赤色の大理石を以て造る。伊国は多く石造の物を用ふ。夜デロロ氏を旅館に招き之を饗《きょう》し、百事周旋の厚意を謝し、同行の写影、本邦の金銀貨を贈る。

二十一日、金曜、晴。十時米蘭《ミラノ》を発す。*デロロ氏送て停車場に至り、米蘭酒*二瓶を贐《はなむけ》す。三鞭酒《シャンパン》に似て美なり。車中デゼンサンの大湖*を左に観る。風景佳なり。五時威尼斯《ヴェニス》に達す。此府は有名の旧都会にして、海に接し、勝景愛す可し。島嶼《とうしょ》の数四十八有りと云ふ。府中、河渠《かきょ》縦横にして橋梁の多き、天下に冠たり。汽車を下《く》だれば直ちに舟に乗るを便とす。馬車は至《いたっ》て罕《まれ》なり。舟の形《かた》ち狭長にして黒く塗れり。小河を漕ぎ去る少時、海岸に出《い》で、ホテルラリユーナ*(即ち月舎の義)に投宿す。此地一等の逆旅《げきりょ》なり。旧友中山右門太氏*此地に在り、其价《つかい》田中健三郎をして余が一行を迎へしめたり。此地は家屋皆古し。橋梁は尽《ことごと》く石造或は煉瓦を用ふ。米蘭に比すれば其の盛昌大《おおい》に及ばずと雖ども、風韻は遠く彼《か》れの右に出づ。飯後ビアサモルコー*に散歩す。仏国のハレーロヤルに彷彿たり。磚石《せんせき》皆赤白色の大理石を用ふ。加非《コーヒー》店*に憩ふ。其卓椅《たくい》多く石を以て造る。市街に珊瑚《さんご》を売る家多し。価亦《また》廉なり。凡そ時計・小間物の類、総て仏国に比すれば伊国は低価の物多し。夜に入り蚊出づ。紗幮《さちゅう》を下だして寐《い》ぬ。余、欧洲行中此夜のみ蚊声を聴く。此地は溝渠多きが故なりと云ふ。

二十二日、土曜、晴。舟を倩《やと》ひ、館前の海湾を遊観す。ラゴナ江*と呼ぶ。江上に共和政事堂*有り。紀元四百十八年より千七百九十七年迄政事を執行せし処なり。共和議事堂亦甚《はなは》だ宏大にして建築精巧を極む。壁上、往昔《おうせき》此都府の人の墺地利《オーストリア》人と戦て捷《か》つの状を描く。*又古代大統領の真影*有り。堂中古書十五万巻を蔵す。*大半は写本なり。セナートル議員三百十名列座の席、*依然として存在す。其の四壁の画、金碧鮮麗なり。其間に画図を剝《は》ぎ去りし処*有り。東道者云ふ、是れ那破侖《ナポレオン》第一世此地に来たりし時、名画の意に適したるものを奪ひ去りし痕跡なりと。議事堂に属せし獄室*を観る。鉄欄・石檻、頗《すこぶ》る峻厳を極めり。桔槹《きっこう》器械有り。囚人を拷問せし処、皆往昔の状景を知るに足れり。此《ここ》を出でて数十歩、サンマルコの寺に到る。五百四十四基の円石柱あり。其建築、皆大理石及び金銀銅を用ふ、実に人目を駭《おどろ》かせり。門前に共和政体の成るを賀する為めに築きし高塔あり。* 古王宮之に接して屹然《きつぜん》たり。此処は府内に於て最も繁華の地なり。且つ本日共和の紀念祭日なるを以て、士女雑沓、裙香釵影《くんこうさいえい》街上に満ち、奏楽の声耳を娯《たのし》ましむ。此の府中には、女児の草花を売る者多し。

漕渠百道入江流
画舫雕梁鏡裏浮
女伴売花郎弄笛
春風揺曳小瀛洲

漕渠百道、江《こう》に入りて流る。
画舫《がほう》雕梁《ちょうりょう》、鏡裏に浮ぶ。
女伴《じょはん》は花を売り、郎は笛を弄《ろう》す。
春風揺曳す、小瀛洲《しょうえいしゅう》。

又、玻瓈《はり》製造場に赴きて観る。其の主人フレル、ルビイ優待す。* 其工人の製造、咄嗟《とっさ》にして極めて精妙なり。蓋《けだ》し各洲に有名なる玻瓈製造家なりと云ふ。又サンマリイ、エズウィティの寺を過ぐ。* 大理石を以て帷幕《いばく》を彫刻す、甚だ奇也。又サンマリイ、フラリイの寺を観る。* 三稜の塔有り。終りにサンマリイ、カルムリタンの寺に到る。* 五色の宝石を以て飾る、最も美麗なり。屋上に大砲の穿過《せんか》せし痕《あと》あり、往昔墺人と戦ふ時受けしと云ふ。此処《ここ》より舟を棄てて上陸し、花園に憩ふ。此処にも兵隊の大祭を賀するの奏楽あり。晩に向て逆旅に還る。

二十三日、日曜、晴。東道を傭《やと》ひ、舟行してミュラノ＊の玻璃《はり》製造場を観る。場は江中の島内に在り、其の盛大なる、前日観る所の比に非《あら》ず。場工玻璃盃を造る、極めて自由にして飴《あめ》を弄すると一般。此辺の橋梁は多く木製にて、本邦に似たる所あり。下等の人民は顔色黄黒にて、多く亜細亜《アジア》人に彷彿《ほうふつ》たり。児童の紙鳶《しえん》を飛ばす、其の製亦《また》我が鳶凧《とんびだこ》に異ならず。此より転じてアンジヒカガアの玻璃店を観る。又、玻璃のみの博物場に赴く。盛大なれども余り感服せざりき。又一島に上陸す。＊大刹《たいさつ》有り、サンミッチェルと云ふ。此の寺には墓所あり、僧に乞ふて域内に入て観る。其地は処々に青草離々《りり》として生ず。彼我《ひが》其の景況を殊《こと》にせず。臥棺《がかん》を地中に瘞《うず》め、其の蓋上の石板は地上に現し、之に死者の姓名及び死せし年月を記す者多し。本邦の如く墳上竪《たて》に石碣《せっけつ》を建てし者有り。又、十字架のみを樹《た》てし者有り、架は鉄或は石を以て造る。又新碣《しんけつ》に、碣の上面を穿ち之に死者の写真を嵌《かん》し、上に硝子板を掩《おお》ひ、永く毀損せざる様になせし者有り。親戚知己の墓を拝する者は、例の蔓草環《まんそうかん》・雑花環を墳前に供し、又本邦の樒《しきみ》に似て異なる木葉を供せしも有り。此寺の僧侶は皆、本邦の五分《ごぶ》月代《さかやき》の如き頭顱《とうろ》なり。同行の人と相視て一笑す。半僧半俗一種の剃法《ていほう》と謂ふ可し。夫《それ》よりパレーロヤル*に赴く。中山譲治・三輪甫一《ほいち》両氏トリエストより来たり、共に同館に宿す。夜に入り復《ま》た街上を散歩す。此地は貧民多くして、箏を鼓し笛を吹き往来銭を乞ふ、頗る煩《わずら》はし。此夜、児謙*航海恙《つつが》無くトリエストに着せしとの報有り。乃翁《だいおう》の喜び知る可きなり。

二十四日、月曜、晴。暁起早餐して舟に上ぼり、停車場に赴く。舟中、本邦の国旗を建てたり。客を敬する厚しと云ふ可し。五時四十分発車、*左に海を望みつつ馳す。途上桃李満開、錦の如し。牧場の青草其間に点綴《てんてい》す。十二時ボロギアに達す。*亦一都会なり。一飯して発す。是《こ》れより山澗《さんかん》の間を過ぎ、回転して進む。来路を顧れば渓橋湍水《たんすい》の上に在り、風景清絶を極めたり。此山は即ちアペンナイン*なり。ボロギアよりフロラン府に至る迄、隧道四十有二有り。而して最も大なる者は三なり。

石洞呑車又吐車　　石洞、車を呑み、又《また》車を吐く。

蜿蜒鉄路入雲斜　　蜿蜒《えんえん》たる鉄路、雲に入りて斜なり。

深山亦有韶華在　　深山、亦韶華《しょうか》*の在る有り。

瞥見紅桃一樹花　　瞥見《べっけん》す、紅桃一樹の花。

午後五時四十分フロラン府*に達す。即ち故《もと》の多斯加納《トスカーナ》王の首府*、王は近年伊太利《イタリア》王の為めに亡ぼされたるなり。人口は十一万四千にして、市街の人家も街路も皆巨石を以て建築す。頗る荘偉にて流石《さすが》に王都の風有り。ホテルド、ミラノ*に投ず。此地は仏語に通ずる人稀《ま》れにて、頗る不便を覚ふ。夜に入り街上を散歩す。加非店《コーヒー》あれど粗にして美ならず。都府ごとに一得一失有るも可笑《おか》し。

赴弗稜蘭途中作　　弗稜蘭《フィレンツェ》に赴く途中の作

客程南入弗稜蘭　　客程《かくてい》、南のかた弗稜蘭に入る。
恍覚風光肖故山　　恍《こう》として覚ゆ、風光の故山に肖《に》たるを。
曖々烟霞春十里　　曖々《あいあい》たる烟霞《えんか》、春十里。
桃紅点綴菜黄間　　桃紅点綴す、菜黄の間。

二十五日、火曜、晴、薄暑。東道を倩《やと》ひ、ドウムの寺*に遊ぶ。其の塔に登る、高さ雲《うん》際《さい》に聳《そび》ゆ。* 其の石階四百十七級あり。* 或は云ふ、十八級と。全府市街の行人を望むに群蟻の如し。又ウェッキヨの宮側*に在る石像・銅像を観る。皆上世名工の雕刻《ちょうこく》する所也。夫《そ》れよりパラゾピッチイ宮*(即ち多斯加納《トスカーナ》王の故宮)を観る。前面の墻壁《しょうへき》は皆巨石を以て築く。宮内に入れば、内部皆宝石を以て塡篏《てんがん》す。伊国の最も名高き工業、即ちモザイクと称するものなり。其の美麗、人目《じんもく》を駭《おどろ》かせり。宮中を縦覧《しょうらん》して苑中に出づ。緑樹左右より交叉して、洞門長廊の如き状を為せし処有り。飛泉潺々《せんせん》として芳草萋々《せいせい》たり。石人・石盤処々《しょしょ》に排列す。此宮目今《もっこん》人の住する無く、時に国王及び賓客の来遊するのみなりと。而《しこう》して此府の人民、猶《なお》故君多斯加納王を追慕して今の伊王に心服せず。伊王此の府に来たるも、府民の帽を脱して礼する者甚《はなは》だ罕《ま》れなりと云ふ。余此の宮園を遊覧し、殆んど姑蘇《こそ》に遊び呉王の古宮を観るが如きの想ひ有り。* 一絶を草す。

知有遺民記大家
当年一曲後庭花
石人不語春如夢
満苑蘼蕪夕日斜

知る、遺民の大家《たいか》を記する有るを。
当年の一曲、後庭《こうてい》の花。
石人語らず、春、夢の如し。
満苑の蘼蕪《びぶ》、夕日斜なり。

内苑を出でて外苑に逍遥す。* 眺観極めて佳なり。又サンマリー、ノベルラの寺*を観る。亦《また》宏荘なり。アルノ川の鉄橋を過ぎ旅寓に帰り、夜八時五十分汽車に駕して此地を発す。夜間隧道数処を過ぐ。車中睡《ねむり》に就き、其他を知らず。

二十六日、水曜、晴。朝来、牧牛場を認む。緑蕪渺茫《びょうぼう》其幾十里なるを知らず。六時五十分羅馬《ローマ》府に達し*、ホテルドミラノ*に投ず。コルソー街*の浴室に赴て一浴す。浴盤皆大理石を用ふ。コルソーは此府の最大街衢《がいく》也。午飯後、先《ま》づ有名なるサンピエルの寺*に詣《もう》づ。欧州全土の寺院、其荘大美麗、該《この》寺の右に出《いず》る者無し。前面に埃及《エジプト》の大塔*あり。高さ四十メートル。側《かたわ》らに噴泉あり、迸《ほとばし》り上る数丈。其の左右に円柱の複道あり、上に石人を排列す。該寺は羅馬法王の宮に接す。観る所猶《なお》多きを以て他日を約して帰る。又耶蘇《イエス》弟子伯徳《ペテロ》、伯盧《パウロ》の囚《とら》はれし獄舎*を観る。上層は伯盧の居りし処、下層は伯徳の室なり。中に泉有り、伯徳の獄吏を教化して灌頂《かんじょう》の礼を受けしめし遺跡なりと云ふ。又コンスタンチン帝の奏凱閣*に過ぐ。此夜、疲困して早く寝《い》ぬ。

二十七日、木曜、晴。東道を倩《やと》ひ、馬車に駕して諸勝地を巡覧す。

パンテーオン、*上古の火葬場なり。烟突口、其の屋の中央に在り。全屋大理石を以て建築す。其の前面に埃及《エジプト》の大塔一基有り。

ピアサコロンナ、*羅馬のアントニ帝の建つる所。其の頭に聖伯徳の像あり。

ポポロ寺、*亦《また》埃及の石塔あり、十字架を其の頭に着く。此塔はペリオポリス帝埃及より奪ひ来たるものなり。塔前に両刹《りょうさつ》ありてコルサウ街を挟めり。一をサン、モントサント、*一をサン、ミラコリ*と云ふ。

バルカチア泉*は、巨大なる石盤を安ず。形ち船の如し。其色沢《しきたく》極めて古し。

イマクラタ、コロンヌ、*其上に馬利亜《マリア》の立像を安ず。

トラヂアン帝の塔*は、高さ百三十二尺、其頭に聖伯徳の像あり。此の塔下に数塔あれど、皆半ば摧折《さいせつ》し、又僅かに其の基礎を存するもの有り。蓋し往古の戦乱に敗壊せしと云ふ。塔の背に一譙楼《しょうろう》*あり、煉化石にて築く。在昔、猛悪なるネロ帝自《みず》から火を放つて市街を焚《や》き、此楼に登て縦観《しょうかん》せし旧蹟なり。事、羅馬史に詳《つまびらか》なり。

サンリュカ学校、*油画極めて多し。

セプチモセベロ奏凱閣*は、希臘《ギリシア》石を以て築けり。蓋《けだ》しセプチモス帝及び其子三帝*の功績を紀《しる》せしものなり。其の閣の下は即ち羅馬の旧市街なり。今猶《なお》其の状景を存せり。其側《かたわ》らにウェスパシアン帝のタンプル三柱*を剰《のこ》す。サチュルン*は八柱を留め、コロンナ、ホヲカ*は一柱のみ。按ずるに、ホヲカは東羅馬帝紀元六百八年の比《ころ》在位の君なり。

コロンナ、ホウカの側らに古き堂址《どうし》あり。*此れ該撒《カエサル》の東国の使節を引見せし処なり。其の堂の礴石猶《せんせきなお》存す。

カピトル宮は今議事堂となれり。*其の前面にマルカレリヲ馬に跨《またが》るの銅像*あり。其下に欄干及び階除《かいじょ》に接して数個の石像*有り。皆古《いにしえ》の賢君偉人なり。其傍《かたわ》らに檻《おり》有り、中に狼を飼ふ。羅馬の始祖は狼の為めに養はれしを以てなり。宮中巨像有り、マルホリスの像*と云ふ。水其《そ》の下より迸《ほとばし》り流る。又古物極めて多し。古棺槨及び墳灯・涙壺等、枚挙に暇《いとま》あらず。其他、歴世帝王、学士の半身像、其数幾個なるを知る可《べか》らず。

アントニユス帝及びハウスチナ后合造の閣*は、頭に十字架を樹《た》てたり。其側にロマニユスの塔*有り。

コンスタンチンの寺*、今は廃絶して遺址《いし》のみ存す。蓋し帝、マキセンス帝と戦ひ、後《の》ち兵を解きし慶賀の為めに建てし寺なり。

該撒《カエサル》の宮*は、該府中の最も観る可き古蹟なり。此宮は始祖ロマニュスの択《えら》んで居りし処にして、該撒亦之に栖止《せいし》し給ふ。大阜《たいふ》に拠て築き、規模極めて大なり。石階を登りて入れば、泉池あり、浴室あり、廊門数重《すちょう》洞口の如し。羅馬帝世々《よよ》凱旋すれば、必ず此の廊門を過ぐると云ふ。一室を窺へば該撒の像中央に在り、左右に第一世那破侖《ナポレオン》の像と今の以太利王の像とを置く。古来羅馬を占有せし人は此の三人なるを以てなり。嗚呼《ああ》英雄の事業不朽に伝ふる、貴ぶ可き哉。複道を経過して行く、同行皆遺《い》磚残瓦《せんざんが》を拾ふ。又、円形なる一大浴場あり。後園に出づれば花木多し。一樹、我邦の梅花と同じきもの有り。香気亦同じ。其名を問へばアマンドと云ふ。余は断然梅樹なりと認む。欧洲には見る太《はなは》だ稀《ま》れ也。園中より遠く市街を眺望す。眼下に一堂宇あり。東道云ふ、是れポンピリウスの害せられし処なりと。公議堂其他の壁は、皆磚石《せんせき》上に着色の密画を描けり。其時の暖室筒猶《なお》存在せり。又、円形馬場の古跡あり。学校及び凱旋の日会食の堂、又火力を以て暖を取るの室等、皆其遺跡を存す。此宮は周囲甚だ大なれば、尽く巡覧する能はず。一絶を得たり。

　　球築当年鑿断崕
　　残墻今見暮雲埋

　　球築《きゅうちく》、当年、断崕《だんがい》を鑿《うが》つ。
　　残墻《ざんしょう》、今暮雲《ぼうん》に埋もるるを見る。

深園春緑離々草　深園、春緑離々《りり》の草。
児女時来拾墜釵　児女、時に来たりて墜釵《ついさい》を拾ふ。

又ブリュタスの事に感じて一首を綴る(詩中の君は君主の君に非《あら》ず)。

莫問殺君忠不忠　問ふ莫《な》かれ、君を殺すの忠不忠。
霜鋩一閃百図空　霜鋩《そうぼう》一閃、百図空し。
千秋遺恨誰能雪　千秋の遺恨、誰か能《よ》く雪《そそ》がん。
敗瓦残磚弔古宮　敗瓦《はいが》残磚《ざんせん》、古宮を弔《ちょう》す。

闘獣場*(アンヒテアアトル)、巨石構造、其の荘大驚く可し。今猶半形を存す。チチュス帝の奏凱閣*は、耶冷蘇冷《エルサレム》を攻め勝利の時に造る。又、コンスタンチン帝の奏凱閣*有り、其傍にネロ帝呪詛《じゅそ》を為せし古井《こせい》*を存す。

ネロ帝の宮*は頗る荘大なれど、宮中頗る暗黒なり。東道、火を以て照して観せしむ。壁磚《へきせん》皆着色のモザイク、古色掬《きく》す可し。

サンヂョンの寺*は前に埃及《エジプト》の塔あり、其首に十字架を安ず。

スカラサンタの寺*は百級の石階あり。

是れより東道《とうどう》車を馳《は》せて、古堞《こちょう》の間に入り去る。此の堞《ちょう》も亦上古の建築に係れり。

サンピエル、インビンクリスの寺*は、摩西《モーセ》の大像有り。白石にて造る。頭上に角を生じ、我が神農《しんのう》の像に彷彿《ほうふつ》たりき。

マルス、ウルトレイ*は城門の如き者にて、其の古雅なる、一見して数千年前の物たるを知る可し。

テラビの泉*、亦《また》古跡の一なり。此処《ここ》にて伊国の皇太子及び妃に逢ふ。余等帽を脱して礼す。太子亦殷勤《いんぎん》に答礼せられたり。

クィリナル宮*は即ち今の王宮なり。公堂及び楼閣・園池の縦覧を許さる。頗る美麗にて有りき。

モントピンチョー*(公園)、山上に在り、眺観絶佳なり。工人今、石及び磚を以て園内に巌窟の状を作為する最中なり*。兵隊来たりて茲《ここ》に音楽を奏し、貴族・貴嬪、陸続来遊せり。

仏蘭西《フランス》学校*は極めて宏壮なり。此処にて杜若花《かきつばた》の満開なるを見る、大に郷思を動かせり。帰途、割烹楼*に登り羅馬の調理を命じて食す(旅館等は皆仏国の割烹法也)。食品皆些《いささか》の臭気有り。羹《こう》中に団子の如き物を浮ぶ、其味亦悪《あ》しし。同行皆大に悔たり。寓楼に帰り、夜に入り又大劇場*に赴く。其結構、仏国のオペラに下だる一等のみ。ギイヨヲム、テールが、王命に依り其子の額上に平果を置き之を射るの事を扮す。女優の舞踏又絶妙、且つ舞台の幕を左右より閉づる、最も巧みなるに驚きたり。

二十八日、金曜、晴。又東道を倩ひ、各処の古蹟を歴観す。

ボルヂス宮*は、油画を多く掲げし観場あり。又宝石の大盤、人目を駭《おどろ》かすものを見る。

カピュシニ寺*は、カタコンブ有り。即ち往昔の枯骨を以て灯籠の形ちを造り、又壁上に羅列して各種の模様を為す。別に乾屍《かんし》数個有り。

パンヒリドリヤ宮*は、石像・油画極めて多し。

マルチュリス古劇場*は市中に存せり。其の下層は商人の居室なり。在昔、該撒《カエサル》劇場を造ること史に見ゆ。此劇場も亦該撒の造りし所と云ふ。

ポルテック、テアアトル*の遺跡、是れ亦劇場の一種にてオクタビアの造る所なり。

イスラリット寺*は即ちヂウの寺にて、其の額もヘブリウ文字にて書せり。

フハルネセイ宮*は古画を貯へたり。其の天井の画は殆ど春画に類するもの有り。有名の画工サンガル氏、曾て此宮に居りしと云ふ。

サンマリヤ、トラステベル寺*は、堂前門上の飾り皆モザイクを用ふ。人物其他の精妙なる、実に驚愕す可《べ》し。

夫より再び聖伯得《ペテロ》の寺に詣で、其の背後なる羅馬法王のワチカン宮を観る。是れ法王の居らるる宮殿なり。宮中極めて広し。其の半《なかば》を以て博物館と為す。古代石刻の人物禽獣を始め石器・銅器・陶器、珍玩《ちんがん》目を驚かす。チチュス帝の大石盤*は紫色の大理石なり。別に紫石の大棺*二箇を見る、共に精密の刻有り。東道云ふ、君士旦丁《コンスタンティヌス》帝と其妃の棺なりと。実に壮麗無比の物たり。列品の中に、支那の乾隆《けんりゅう》年間鋳《い》る所の鐘及支那製の仏像*あり。欧洲中一、二と下だらざる博物館なる可し。宮園に出づれば、池中に鉄造の古船（雛形なり）を泛《うか》べたり。西湖《せいこ》種とも覚しき柳数十株ありて風景好し。宮を出でてチチュス帝の造りしウェスタの塔*を観て、モント、アベンチ*に過ぐ。此の小山は眺望に宜《よろ》しと思へど、路を急ぎし故登らず。此れより郊外に出でて、カヨセスチユスのピラミーデ*を観る（埃及《エジプト》の古蹟に擬して造りしものなり）。又サンパヲロの寺*に詣づ。此寺は羅馬に於て聖伯得に亜《つ》ぐ大刹なり。堂内の石柱の最も大にして最も多き、実に全世界に冠たりと云ふ。トラヂアンの奏凱閣を過ぐる時、以太利国王*の鳳輦《ほうれん》に撞着《どうちゃく》す。余等帽を脱して礼すれば、王も亦《また》帽を脱して答礼せられたり。毫《ごう》も尊大の状無し。此日感邪《かんじゃ》。早く寝《い》ぬ。小野子独り此地を発してピイズ*に赴く。本日途中の一絶有り。

風意吹春旧帝都　　風意春を吹く、旧帝都。
独憐台閣委烟蕪　　独り憐れむ、台閣烟蕪《たいかくえんぶ》に委《ゆだ》ぬるを。
干戈畢竟為何用　　干戈《かんか》、畢竟《ひっきょう》何の用をか為す。
石柱空留百戦図　　石柱空しく留む、百戦の図。

二十九日、土曜、晴和。病少しく癒《い》ゆ。午下、市街を散歩し、古物数品を獲て帰る。

三十日、日曜、又晴。街店にてラバを以て製せし諸玩具を買ふ。ラバは火山より流出する溶解物の再び固形体に復せしものなり。夜に入り同行と多斯加納《トスカーナ》人アルハ*の家を訪ふ。此夜小野子帰る。

三十一日、月曜、陰。小野子とコルソウ街に散歩し、エスパンギョ館*を一覧す。午、雨一過す。二時羅馬を発す。汽車中、右に古城墻《こじょうしょう》の残存せし如きもの連綿たり。市店の遺蹟、楼閣の旧址、往々田疇《でんちゅう》間に散見す。九時三十分那不勒《ナポリ》府に達し*、ホテル、ゼネーブ*に投宿す。客房塞がりしかば同行の中三名はホテル、セントラル*に宿せり。那不勒は伊国中に於て殊に美麗なる都会なり。

都城如錦港如弧
多少楼台負海嵎
好是佳人迎客笑
玻璃窓底売珊瑚

都城は錦の如く、港は弧の如し。
多少の楼台、海嵎《かいぐう》を負ふ。
好し是れ、佳人、客を迎へて笑ひ、
玻璃窓底、珊瑚を売る。

四月一日、火曜、晴。東道を倩《やと》ひ、該府の博物館を観る。茲《ここ》に陳列する物は、大半有名なるポンペーの掘出しに係《かか》る。石人・銅人の類甚だ多し。而《しか》して他に観る所と異なるは、其の体中皆陽茎陰嚢等を着けたるなり。古代の鎧《よろい》及び我邦の薙刀《なぎなた》に似たる物、又往昔戦闘に用ひし投石の石有り。銀杏《ぎんなん》形なり。埃及の古物も亦頗る多く、古銅・古陶累々《るいるい》相接す。其の品類極めて夥《おびただ》し。館内一室、婦女の縦観を禁ずる処有り。*入て観れば亦ポンペー出土の物にて、古娼館の器具なり。灯台其他、皆陽茎の形を為し、其の壁は皆古春画にて、極めて古雅なるものなり。其の貨幣の室、古書の室、皆ポンペーの物多しとす。絵の具・生糸・麵包《パン》・穀類の若き《ごと》、千余年土中に在りて皆旧形を存したるに驚けり。但し生糸・麵包等は真つ黒に焦《こ》げ、手に触れば忽ち潰散《かいさん》す可き体《てい》なり。絵の具に至ては青黄紅白判然として色を変ぜず、亦奇と謂《い》ふ可し。館を出でてボーメロー山*に赴く。山腹に大石礮台《せきほうだい》*あり。シャルトレーズの寺*に抵《いた》る。此寺より海上を望む、眺観極めて好し。左には火山を望む、即ちベヂーブ山*なり。此山今双尖《そうせん》有て、一尖盛んに火を噴す。蓋し上古は三尖なりしが、一尖は噴火破裂してポンペー府を全く土中に埋めたるなり。都内の人家は尽く目下に在りて海湾に連なり、島嶼《とうしょ》出没し、船舶輻湊《ふくそう》し、頗る繁華を極めり。伊国中最も南部に在る地なれば、気候も温煖なる、大に我邦に似たり。寺中の諸什器《じゅうき》を縦覧《しょうらん》す。其の中に故那不勒王の金輿《きんよ》有り、美麗人目を驚かす。

那不勒の府民は多く驢《ろ》を養ひ、客をして乗らしむ。又、馬と驢とを一車に駕して引かしむる者を観る。奇と云ふ可し。故那不勒王の宮殿*は、外面海に臨み、甚だ美麗なり。海岸は風景殊《こと》に佳にして、人家も皆清潔なり。以太利国中第一の都府と称して不可なる無し。而して気候も亦甚だ暄和《けんわ》にして人に可なり。海岸より右折して山に入る一の地《ち》道《どう》*有り。試に車を馳せて一過するに、五分時間を経たり。内に灯火数点を燃す。是れ上古鑿《うが》ちし地道なりと云ふ。公園*に過ぎて散歩す。園亦海に接し幅員頗《すこぶ》る広し。花木多く、石像亦少なからず。調馬場も有り、士女園内に雑沓《ざっとう》す。其の景況、巴里《パリ》と雖《いえ》ども或は及ばず。紫藤花《しとうか》恰《あたか》も盛開にて甚だ愛す可《べ》し。去て珊瑚店を観る。濃紅・淡紅累々として人目を駭《おどろ》かす。寓に帰りて晩餐し、夜、諸子とテレザの家*を訪ふ。仏国里昂《リヨン》の人なり。

二日、水曜、晴。九時、馬車を傭《やと》ひポンペーの古蹟を探らんとす。途中、海浜に在る所の珊瑚を採て之を諸国に販売する問屋を歴観す。其の各家に貯ふる所の珊瑚、実に幾千百株なるを知らず。石崇《せきすう》をして観せしめば、当《まさ》に驚て暈倒《うんとう》す可し。其価を問ふに、量目一キロにて上品《じょうぼん》四百フランク、下品二百フランクなりと云ふ。此海浜は土《ど》砂《しゃ》灰の如く、風烈《はげ》しければ往来に頗る困難なり。近く火山を望めば、ラバの流出する油の如きを見る。那不勒より二時半にしてポンペーに達す。一門あり、衆皆《みな》車を下だりて入る。此の地は旧《も》と盛昌《せいしょう》なる都府なりしに、紀元七十九年*火山破裂して、全府熱砂中に埋没したり。千七百五十五年*に至り、此地の住民井《せい》を鑿《うが》ちて始めて人家の地中に在るを発見し、漸々《ぜんぜん》発掘して、竟《つい》に全府を再び人間《じんかん》に出《い》だせしなり。故に全世界の人、此の奇境を観んとて遊覧する者常に絶えず。余も偶然此《ここ》に来たり遊ぶは、実に望外の事なり。該府往昔《おうせき》の盛昌は実に想像す可し。市街は尽く石礴を鋪《し》く、目下欧洲の都会と同一なり。墳墓の儼然《げんぜん》として存する有り。関門及び兵卒の詰所の若き《ごと》もの、亦依然たり。麵包《パン》を売る家には石臼猶在り。油店には巨壺の酒樽に似たるを列せり。共同浴室は石造にて円形なり。酒楼・劇場・闘獣場、皆其跡を存す。寺院及び裁判所・獄舎等、皆往時の有様を見る可し。就中《なかんずく》奇と称す可きは妓館なり。門に石柱有り、其上に陽茎を刻せり。其中に入れば食堂には魚蔬《ぎょそ》の密画を壁に描き、寝室には壁上尽く《ことごと》春画を写せり。当時の風俗、推《お》して知る可し。此の埋没せし時、闔府《こうふ》の人民は皆他処に逃走せしかど、不幸にして死せし者の体は、*宛《あたか》も全身に堊《しっくい》を塗りし如くになりて猶存せり。兵卒の如き者、剣か梃《つえ》かを握りて死したる有り。孕婦《ようふ》と覚《おぼ》しき者有り。又、深室中《なか》に枯骨となりて半ば地中に埋もれたる有り、是れは当時重病の人ならんか。犬馬禽鳥の乾屍も亦存せり。其他の奇観、一々記載す可からず。目下猶《なお》発掘最中なれば、該府の周囲の広袤《こうぼう》凡そ幾許《いくばく》なる可きや推測す可からず。一絶有り。

天勝人耶人勝天　　天、人に勝つや、人、天に勝つや。
残楹再映旧峰烟　　残楹《ざんえい》再び映す、旧峰の烟。
酒壚詩壁依然在　　酒壚《しゅろ》詩壁、依然として在り。
借問当年有八仙　　借問《しゃもん》す、当年八仙有りしやと。

加非店《コーヒー》に一憩す。葡萄酒を飲むに一瓶九フランクなり。*此地にて、唐茄子《とうなす》の大なる西《すい》瓜《か》に数倍するものを観る。前路を取て旅館に帰り、此夜十時五分那不勒を発す。

三日、木曜、晴。六時四十分羅馬《ローマ》に達して一飯し、九時車を換へて発す。車中、高阜《こうふ》流水、桜花爛漫、風景甚だ佳なるを観る。ボリギョー*に午餐し、山澗《さんかん》の間を過ぎ、隧道数処を経て、午後六時四十七分弗稜蘭《フィレンツェ》に入り、又ホテルドミランに投宿す。

四日、金曜、晴。晨起、街上の浴場に赴く。頗る清潔にして浴室内に厠《かわや》有り、他処見ざる所なり。浴盤は皆大理石にて造れり。又、市店に就て髪を芟《か》る、価一フランク半。此夜七時発車、一時十五分モデナに達し、三時三十分プレザンス*に抵《いた》り、車を換ふ。飢たれば此《ここ》に一飯す。

五日、土曜、晴。野色妍然《けんぜん》、桃李《とうり》飄零《ひょうれい》して暮春の風光愛す可し。八時四十分アレキサンドリヤに達す。大都会なり。又、車を換へて十一時チュラン府に着し、トロンベッタ*と云へる旅館に宿す。散歩して花園*に遊ぶ。一街の頗る巴里のパレーロヤルに似たる*を見る。矮小《わいしょう》なる書肆《しょし》に少女の絶美なる有り。欧洲漫遊中未だ見ざる所なり。夜、同行と希臘《ギリシア》人イダの家*を訪ふ。

六日、日曜、晴。九時チュランを発しモンセニーを望めば、諸峰猶《なお》雪有り。十二時十二分大隧道に入り(三十三分時間)、洞門を出づれば風雪霏々《ひひ》たり。伊仏風土の変斯《か》くの如《ごと》し。十二時二十分モダーヌを過ぐ。仏吏行李《こうり》を検する、頗る寛なり。此地にて時辰器《じしんき》の針を改む。蓋《けだ》し伊仏の差異、殆ど四十分なり。モダーヌを発すれば、雨灑《そそ》ぎ、雲烟《うんえん》山を蔽ひ、四顧冥々《めいめい》たり。四時後に至て左に大湖を望む。雨中の風光亦妙なり。キロスに飯《はん》す。

七日、月曜、陰。六時五十分巴里に着し、又旧寓に投ず。宛《あたか》も故郷に帰りしが如し。一飯後公使館に赴き、長田子に面す。児謙の茲《ここ》に来たりサンシュールヒ*に居るを聞き、直ちに往く。在らず。午後、児謙小野子と共に来たり見る。故国を出でしより始て親しく家眷《かけん》の消息を聞く、寔《まこと》に喜ぶ可し。唯だ末女病《やん》で歿すと云ふ。是れ意外の事、乃翁《だいおう》豈《あに》涙無きを得んや。晩来、入江子を訪ひ、児謙とジュバルに小酌す*。

四月八日、火曜、晴。午前、稲垣子の寓を訪ひ、ブーセイの家に過ぐ。午後、グランドホテルに赴き、大久保利通君に謁《えっ》す。君は明日此地を発せらるるなり。寓に帰り郷信《きょうしん》を写し、再びグランドホテルに赴き、池田寛治氏に面し之を托す。

九日、水曜、陰。入江文郎・高畠眉山《びざん》・神戸《かんべ》義方《よしかた》諸子来訪す。午下《ごか》寓楼前の花園に散歩し、クルニイの博物館を一観す。

十日、木曜、陰。児謙来たる。深沢勝興をグランドホテルに訪ひ、同行中留学の事を議し、共に欧羅巴亭に晩餐す。

十一日、金曜、晴。本日は基督《キリスト》就刑の日なり。各処の寺院賽詣《さいけい》の徒群集《くんじゅ》す。名村・深沢両子来たる。晩に長田子を訪ひ、児謙留学の事を議す。

十二日、土曜、陰《くもり》。同行諸子と深沢子を訪ひ、同行分袂《ぶんべい》の議を決し、松本は独逸《ドイツ》に、余と石川は英国に赴くことに定む。小野子来話す。

十三日、日曜、晴。高畠子をホテルドジブラルタル*に訪ひ、共にルーブルの博物館に遊び、古画・古器を観る。夫《それ》より公園を散歩す。此日暖和、本邦四月比《ころ》の気候に同じ。桜花盛開、其の花の色は皆白し。

十四日、月曜、晴。小野子と銀行に赴き、預け金受取のことを談ず。夜、高畠子と共にゲーテイの劇場を観る。猶、前度観たる金卵の演戯なり。

十五日、火曜、晴。再び銀行に赴きクーレイ氏に面し、会計全く了《おわ》る。イタリイ街の一店*に飯す。蝦《えび》を食らふ、味極めて美なり。夜長田子を訪ふ。

十六日、水曜、晴。児謙とシャノアン氏をサンマルコ街の家に訪ふ。在らず。鶴田・名村諸子を訪ふ。此日薄暑、緑樹薫風、景色愛す可し。

十七日、木曜、雨。コットの家に赴き、時辰器を購《あがな》ふ。又、小野子とパレーロヤルを散歩し、ラブラド（魯産の宝石）を買ふ。晩来長田・兼松・児謙と共にシャノアン氏の饗宴に赴き、歓《かん》を尽《つく》して去る。

十八日、金曜、雨。此日、舜台子ロールビロンに転寓す。高畠子と海軍画図局に赴き、又ビットショーモンの公園に遊ぶ。風景清絶なり。欧羅巴亭に晩餐す。

十九日、土曜、晴。長田・高畠・石川・小野諸子を訪ふ。又、中井弘氏をホテルドバアレー*に訪ふ。

二十日、日曜、陰。長田・小野・石川三子と児謙を拉《らっし》てサンゼルマンに遊ぶ。路、ルウエイ*を経《ふ》。此に那破侖《ナポレオン》帝の前妃ジョーゼヒンの墓有り。前度の遊びの如く丘上林間に散歩するに、花卉《かき》爛漫として殊《こと》に愛す可し。林亭に一酌す。鯉を食らふ、甚だ美なり。

二十一日、月曜、雨又晴。高畠子を訪ふ。加州渡辺賀治氏来話す。

二十二日、火曜、陰、寒。児謙と路尼《ロニ》を訪ふ。在らず。波蘭《ポーランド》人ドズリンスキに面す。此人、余に遇する懇切を極む。波蘭人の他邦人を待つや皆厚し。亦奇と謂《い》ふ可し。此夕、同行諸子とサンミッセルの酒楼に小飲す。離觴《りしょう》を侑《すす》むるなり。

二十三日、水曜、晴。此日を以てロールビロンの旅館に転寓す。余久しくコルネイユの逆旅《げきりょ》に居《お》りしかば、主人夫婦に別かるる、殆ど親戚に別かるる如きの思ひ有り。午後、烟草《たばこ》製造館*に赴きて観る。館中、機械を以て烟草を切る。其の葉を送り出すも亦機械にて為す。其の軽妙驚く可し。次に烟草の団塊を砕く器を観る。大鉄梃《だいてってい》の巨臼《きょきゅう》中に運転するなり。又、多数の女児が秤《はかり》を以て烟草を衡《はか》り、且《かつ》之を紙にて巻くを見る。其迅速なる、人目を駭《おどろ》かす。又長さ紐の如き烟草を製す。下等社会の人之を噛《か》みて味《あじわ》ふと云ふ。又、鼻烟草《かぎたばこ》あり、山積して其の幾億万斤あるを知らず。其気人を酔はしむ。之を鼻《か》ぐに香有り。教法の徒吸烟を禁ず、故に之を鼻孔に当てて鼻ぐと云ふ。蓋し烟草は仏国に生ずる者有り(多くカレー辺に産すと云ふ)。米国より来たる者は、本邦の産に似て葉少しく長し。独逸《ドイツ》より来たる者は、本邦と同一種なり。墨是科《メキシコ》に産する者は星斑有り。土耳其《トルコ》に生ずる者は、葉小にして色黄なり。品格は上等とす。巻烟草も工女之《これ》を巻く、頗る巧みにして一人一日四百本を巻くと云ふ。工女の賃銀は一日二フランク、二十五サンチムなり。男子は五フランクなり。館中に府下の女子と土耳其人が団結して一社を成し、館内を仮《か》りて別に製造する一局あり。此館の機械皆巨大にして、蒸気を用ふ。其の製造高は、問はずして許多《あまた》なるを知る可し。夜、長田子を訪ひ、大倉喜八郎・横山孫一郎二氏に面す。

二十四日、木曜、晴。稲垣子来訪す。大倉子と児謙を拉《らっ》し、博物館の大砲局を観る。諸国より掠奪せし巨砲数十門有り。又、古代の甲冑《かっちゅう》及び馬甲を蔵する、甚だ多し。フランソア帝、路易《ルイ》十四世及びジョンダルクの甲冑あり。又、古《こ》剣戟其他《けんげきそのた》投石機(弩《ど》に類す)

等を観る。本日、大倉子倫敦《ロンドン》に赴く。此夕、米国公使森金之丞氏来たり同宿す。面晤《めんご》数刻、鮫島・高崎・長田諸氏皆来会す。頃日《けいじつ》二絶有り、茲《ここ》に録す。

海西二月漸韶華
此際証人最憶家
縦使東君催剪綵
風香不似故山花

海西二月、漸く韶華《しょうか》。
此の際、証人、最も家を憶《おも》ふ。
縦《たと》ひ東君をして、剪綵《せんさい》を催さしむとも、
風香は似ず、故山の花に。

石獅蟠処賽旗斜
日暖街頭売百花
生怕薔薇香万斛
春風吹送美人車

石獅*蟠《わだかま》る処、賽旗《さいき》斜めなり。
日暖かにして、街頭、百花を売る。
生《いた》く怕《おそ》る、薔薇の香の万斛《ばんこく》なるを。
春風吹き送る、美人の車。

二十五日、金曜、陰《くもり》時々雪を下だす、寒甚し。現如《げんにょ》師及び入江・高畠・鶴田・名村諸氏の寓を訪ひ、又、シアノアン氏、女教師ラグラン氏の家に過ぎ、別《わかれ》を告ぐ。市上にて花卉《かき》の種を買ふ。晩来石川・小野二子とベフール*(有名の割烹家)に飲む。此夜十一時、現如師、松本・小野二子と独逸《ドイツ》に赴く。余送て停車場に到る。離情に堪《た》へざるなり。

二十六日、土曜、雪又雨。鶴田・高崎・川路諸子来たり別かる。午下、公使館に赴き、鮫島公使に発途《はっと》を告げ去る。夜、長田・高畠・稲垣・石川四子及び児謙と、伊太利《イタリア》街の酒楼に留別の小宴を開く。

二十七日、日曜、雨又晴。早発、七時三十五分に北停車場の汽車に乗る。児謙及び稲垣子来たり送る。巴里に在る前後四月、顧眄《こべん》去るに忍びざるの情あり。山間及び平野を過ぎ、一時二十分カレイ*に達し午飯す。小汽船に入れば、風烈《はげし》く雪灑《そそ》ぐ。波浪甲板を過ぎ、舟中の客五十余名、嘔吐せざる者僅《わずか》に二人のみ。二時間にして英国ドウブルに達す。此地の砲台極めて堅固なり。車して税関に至れば旅篋《りょきょう》を検す。余窃《ひそか》に二シルリングを査吏に与ふ。点検極めて疎略なりき。汽車にて倫敦《ロンドン》に入り、維多利亜《ヴィクトリア》の停車場に達せしは*六時五十分なり。ゴルデンクルスと称する逆旅《げきりょ》*に投ず。チャリンクロスの地に在り、此夜疲倦《ひけん》、早く寝《い》ぬ。

二十八日、月曜、晴。大倉・手島二子の寓を訪ひ、転寓の事を謀《はか》り、公使館に過ぎ、岡田好樹氏に面す。武田昌次氏をケンシングトンに訪ひ、旧を話す。此日晩餐後、移てバンキンハムパレイスロウド百四十六号の家*に寓す。此家の老母・婢《ひ》僕《ぼく》、皆淳良の人にして、家具亦雅潔《がけつ》、甚だ応に適《まさ》せり。一週三磅《ポンド》*余にて寓食の約なり。夜、益田克徳子を近街に訪ふ。

二十九日、火曜、雨又晴。此地は巴里と殊にして常に烟霧《えんむ》冥濛《めいもう》たり。天気は甚だ快からず。午後、武田子来話す。晩来、益田・手島二子とチャリンクロスに遊ぶ。巨塔有り、其下《その》に四頭の獅子有り、上にネルソン氏の像を安ず。又、議事堂を観る。其の雄偉宏壮驚く可し。又、テイムス河に臨みオートルロー橋を観る。実に全地球中の一大壮観たり。市街の停車場に入り、地下の汽車*に駕し十分許《ばかり》にして寓に帰る。此日、市人の酔客を肩にして行くを観たり。欧洲にて罕《まれ》に見る所なり。

三十日、水曜、晴。ウェストミニストル橋を観る。午下、菊池大麓《だいろく》子を訪ふ。此夜、関信三・堀川五郎二子来話す。

五月一日、木曜、晴。赤松子来訪す。大倉・手島二子とロンドン、シティに遊び、兌《だ》銀舗《ぎんほ》等の各廛《かくてん》を観る。ロヤル、エキスチェンジ*の盛大驚く可し。又、クイン街*・オキスホルド街・レヂェンビルグ街等を過ぎ、ハイド園に過ぎ大像*を観る。此像はオートローの戦ひに奪ひし砲銃を以て鋳たるものなり。アレキサンドルのホテル*に過ぎ、大鳥を訪ふ。在らず。ケンシングトンの博覧会*を一覧す。新製の油画及び烟草・穀物・飲食・絹布・陶器のみの博覧場なれども、物品の多き驚くに堪たり。中に加非《コーヒー》店あり、女児物品を其間に鬻《ひさ》ぐ。奏楽堂は巨大にして円形、外に園池花木の美麗なるあり。馬車数種を列して観に供す。中に女帝陛下の御輦《ぎょれん》を置く。汽械の如きも数種あり。夜益田・大倉二子と公使館に赴く。

二日、金曜、晴。ロンドン橋・ブレッキフェル橋*を観る。次のもの最も美にして荘なり。レゼント街を過ぎチャインクロスに赴き、古貨幣を売る家に遊ぶ。夜、武田子と再びレゼントに赴き、ロヤル、ポリテクニック*を観る。器械百物並列し、中に諸品を鬻げり。泳気鐘《えいきしょう》*の大なるものを観る。又、影戯《えいぎ》を観る。其の戯たる、帷幕《いばく》に反照し変幻自在、諸国の風土景況を現ず。舟の海中を行く体を写す、最も妙なり。其間に演劇あり。女王・公主・冶郎《やろう》・怪物、交《こもご》も出《い》でて技を奏す。亦奇観なり。

三日、土曜、好晴。吉田二郎氏をアレキサンドルのホテルに訪ふ。ハイドパアクの前に在る名将ウェルリングトンの像*を観る。午後、赤松子来誘し、共にバンキンハムの王宮を観て、ゼイムス園に過ぐ。池泉《ちせん》林樹、幽雅愛す可し。又、印度《インド》博物館*を観る。宝石・宝器を始め、印度の物品あらざるもの無し。蓋《けだ》し印度には今却《かえっ》て無きもの有りと云ふ。次に印度文庫*を観る。図書山積、古経典等尽く備はる。印度の文物茲《ここ》に集まれりと謂《い》ふ可し。其れより西公使《ウェストミンスター》*の地に過ぎ、上下の議院を観る。其規模の大、整頓の厳なる、欽仰《きんぎょう》す可きなり。又西公使の寺院に詣づ。顕理《ヘンリー》七世其他諸王の墓碣《ぼけつ》あり。古碣は皆其の臥像を碣上に安ず。此の寺に、髑髏の厲《れい》をなして姦夫《かんぷ》を刺さんとする状を刻せし石碣有り*。蓋《けだ》し有名の物と云ふ。堂中に木榻《ぼくとう》*一箇有り。甚だ古樸《こぼく》、是《こ》れ顕理王の時、即位の礼を行ひし榻なり(今を距《さ》る六百年)。日暮よりアルハンブラの劇場*に赴く。戦闘火攻の状、真に逼《せま》る。其他、滑稽を多しとす。舞妓《ぶぎ》ダンカア頗る美人なり。善く謳《うた》ふ。

四日、日曜、雨又晴。菊池大麓氏来訪す。武田子又来遊し、汽車に乗り草木穀菌《こっきん》等の博物場*に遊ぶ。木材の美なる、花卉《かき》の麗なる、驚く可し。中にパアルムストフ*有り、其の大なる巨屋の如く、玻璃《はり》を以て囲み内に檳榔《びんろう》・椰子・竹等の熱帯産の物を栽培す。室内鉄管に湯を注《さ》し、昼夜暖気を通ず。此日、テームス河の上流を渡る。途上、田園の風景絶妙なり。桃李恰《あたか》も満開、寓に帰れば乙骨《おっこつ》子来話す。過日カレイにての作を左に録す。

渡英仏海峡
風濤之険世無双
判得天公界二邦
君見仏郎王若虎
一生不渡此長江

英仏海峡を渡る
風濤《ふうとう》の険、世に双《なら》び無し。
判じ得たり、天公の二邦に界するを。
君見よや、仏郎《フランス》王虎の若《ごと》きも、
一生渡らず、此の長江《ちょうこう》。

五日、月曜、風雨、午晴。市中の浴室に赴く。価六ペンス。盤は陶器なり。赤松子来訪す。此夕感邪、早く寐《い》ぬ。

六日、火曜、晴。武田子来たる、共にベール氏をジョウジャルドに訪ふ。此人は支那文に通じ、東方新聞を編輯《へんしゅう》すと云ふ。ブリチス博物館に赴き、貨幣博物局を観る。支那の古銀貨に円形の物有り、余の始て観る所なり。又威尼斯《ヴェニス》の古金貨の極めて重大なるものを観る。其他各国の古金銀銅貨累々《るいるい》山積、人をして瞠若《どうじゃく》たらしむ。

七日、水曜、晴又陰。ビクトリヤホテル*に過ぎ、川村海軍少輔を訪ふ。又、レゼントパアクに遊ぶ。此園には、獅子、虎、豹(黒豹あり)、野猫大なる獒《ごう》の如き者、白熊、巨蛇、海牛、ヒッポポタミ、猿属の奇なる者を始め、珍禽奇獣算《かぞ》へ尽す可からず。帰寓後、益田子及び富田淳久氏来話す。

八日、木曜、晴。ゴウア街のウニウェルシチーコーレージ*を観る。此校の二等教師ホルソン氏と菊池大麓子と誘導せらる。羅甸《ラテン》学・希臘《ギリシア》学・仏学・算術・数学・臨書《りんしょ》等の教場を巡観す。遊歩場・投丸場(丸を石牆《せきしょう》に投ずる戯場)有り。校中、攣生《れんせい》の小童二人、貌《かたち》美にして才秀でたる者を見る。実に可憐児《かれんじ》なり。又、ベーガル街に過ぎ、蠟細工*を観る。

古代の英雄より、華盛頓《ワシントン》、那破侖《ナポレオン》及び那破侖三世、英の今皇、仏の大統領チヱル君、以太利の今王、其他有名人の肖像並列して、尽《ことごと》く生けるが如し。一個の睡美人有り。其胸部を視れば、心臓の動く体《てい》、宛《あたか》も活人の如し。此の美人は瑞西《スイス》人にて、巴里に在りしチュッサウドと云ふ有名の女なりと云ふ。此場の細工は、実に活人形にして、巴里のパノラマに匹敵す可き妙工なり。場中に、ウォートローにて獲たる那破侖一世の車、及び同帝殂落《そらく》の際に用ひし帷幔《いまん》・器物等あり。一々記憶す可からず。帰途、安川繁成子を訪ふ。同在らず。古河《こが》人長田藤一、同寓に来宿す。

九日、金曜、午下小雨。書舗に赴き数十巻を購《あがな》ふ。又、白星会社*に赴き、米国航海の事を謀《はか》る。米国の汽車并《ならび》に太平洋の航海費、皆一時に此社に払ふことを約す。手島・長沢両氏と地道車に乗り、某商会に赴く。横浜通商の家なり。チャインクロースにて礦物四十種を買ふ。夜、関信三子とスタンレー街*のハミルトン氏を訪ふ。印度の果ココナを食らふ。味美なり。

十日、土曜、晴。竹田・赤松二子来話す。赤松子とトワル、オフロンドン*に赴く。此府の古城なり。旧《ふる》き武器山積せり。歴代君主の甲冑《かっちゅう》・刀槍《とうそう》をも陳列し、古砲・古剣を畳《じょう》積《せき》して牆《かき》の如くし、又、花様に挿《はさ》み、頗る奇観なり。ウェルリントン氏の衣服を始め、王冠及び黄金の器物も多し。中に日本・印度の甲冑《かっちゅう》・刀戟《とうげき》をも置けり。其の城牆《じょうしょう》厚さ数尺、往昔此《この》城にて敵兵を防ぎ、一度も陥《おちい》りしこと無しと云ふ。昔時の断頭場も城中に有り。是日、舟にてテイムス川を往返せり。*橋梁の壮大、実に驚く可し。此夕、安川繁成子来訪す。

十一日、日曜、晴。大鳥圭介子をゴア街に訪ふ。共にクリモアンの公園*に遊ぶ。夜に入り、灯光昼の如く、男女雑沓、頗る熱鬧場《ねっとうじょう》なり。此日、関子去て其の寓に帰る。

十二日、月曜、晴。石川子と又ブリチス博物館を観る。印度《インド》・埃及《エジプト》・羅馬《ローマ》の古物・礦石、珍禽奇獣、毛羽皮骨、其他有らざるもの無し。実に欧州第一の博物館なり。夜、竹田子来誘し、復《ま》たクリモアン園に遊ぶ。

十三日、火曜、晴。白星会社の社員スコット氏来り、航海の事を告げ、価金を定む。

安川子の寓を訪ひ、共にシティ、ヲフプリゾン*(牢獄)を観る。其清潔、仏国の右に在り。然れども規模は較《や》や小なり。獄内園囿《えんゆう》有り。囚人縄を製し、席《むしろ》を織り、煉化石《れんがせき》を造り、蔬菜を耕し、婦女は衣巾《ふきん》を洗濯す。囚人房内の臥床《がしょう》、朝に収め夕に展《の》ぶ。仏国の法に似ざるなり。教師の説教場及び暗室有り。死刑に処する者は、此の暗室に置く三日にして刑すと。夜、益田子来話す。

十四日、水曜、陰。高畠眉山・稲垣喜久造両子、巴里より来たり同寓に宿す。又、白星会社に赴く。此夕、武田・赤松二子来訪す。

十五日、木曜、陰、寒。稲垣子巴里に帰る。河村海軍太輔《たいふ》も亦同《おなじ》く発す。之を維多利《ヴィクトリア》の停車場に餞《せん》す。高畠眉山・乙骨兼三《おっこつけんぞう》二子と水晶宮*に遊ぶ。宮は玻璃《はり》を以て大屋を架す。全宮玻璃中に在りと謂《い》ふも可なり。中に生魚数十種を養ふ。遠く海潮を汲むの労想《おも》ふ可し。油画・偶人・諸国産物、皆宮内に列す。園池も極めて清絶にして、噴水緑樹、景致太《はなは》だ佳なり。園中射的場有り。弓箭《ゆみや》、本邦の物に類す。蓋し古技を存せしならん。晩帰の際、武田子本邦の酒二壺を贈る。一酌するに故人に遇《あ》ふが如し。

十六日、金曜、晴。高畠・武田・石川・赤松・乙骨、及び山口人増野某とウィンズルカスル*に遊ぶ。倫敦《ロンドン》より英里二十二里、車価六志《シリング》なり。女王の宮城内に入り、御厩《みうまや》及び御輦《ぎょれん》を観る。城内に寺あり、頗る壮麗なり。中に石を積み高台を築く。其《その》高さテームス河の水面より二百二十尺と云ふ。之に登れば眺望極めて宏壮なり。城外に大園囿有り、*牛を飼ひ牛乳を絞り、又馬をも畜《やしな》ひ、鹿の属をも養ふ。囿の外面に城と相対して一路坦々たる有り。*其の極処に若爾日《ジョージ》第三世の石像*あり。此の大路は長さ三里なり。路を転じて別園に出づれば、湖有り。*水を蓄《たくわ》へたる人造にして、釣台《ちょうだい》有り、小艦あり、小なる砲門を備ふ。皆遊戯に供す可し。此辺、李花・藤花盛開にて、中に瀑布の落つる有り。咫尺《しせき》に皇太子避暑の離宮*あり。総《すべ》て此の園囿の風景は太《はなは》だ佳にして、且つ静幽を極め、而して我等海外人迄も縦覧《しょうらん》を許す。寔《まこと》に感仰の至りと謂ふ可し。

四野無人訴凍饑
君王拱黙在深闈
請看霊囿能偕楽

四野《しや》、人の凍饑《とうき》を訴ふること無し。
君王拱黙《きょうもく》して、深闈《しんい》に在り。
請ふ看よ、霊囿《れいゆう》能く偕《とも》に楽しむを。

麀鹿為群白鳥飛　麀鹿《ゆうろく》群をなし、白鳥飛ぶ。

此地に来たりし時の思想は、帰朝後、人に語らんと欲するも語る能《あた》はざるもの有り。噫《ああ》、英国の制度は真に良制度なるかな。又汽車に乗り、七時五十五分倫敦《ロンドン》の寓に帰る。

十七日、土曜、晴。乙骨子来たる。書肆を訪ひ書冊数部を購ひ、白星会社の舟車賃を茲《ここ》にて全く交附す。リバプールより横浜まで九十八磅《ポンド》十一志《シリング》なり。ドクトルケン博物館*に過ぐ。胎児・孕婦《ようふ》・諸臓・陰具等、一々之を陳列せり。乾枯《けんこ》せし者有り、焼酒《しょうしゅ》に注せし者有り、蠟《ろう》を以て模造せし者あり。此日、小野善次郎・横山孫一郎二氏、同寓に来たる。

十八日、日曜、小雨。菊池大麓氏を訪ひ、質問すること数件あり。午下、関・手島二子来たる。此日、森公使*を訪ふ。在らず。

十九日、月曜、晴。余将《まさ》に倫敦《ロンドン》を発せんとす。今朝高畠氏と共に公使館に赴き、寺島公使に謁す。午下、石川子と博覧会(小博覧会の開設中なり)を一覧す。鉄器・織物・油画・食品・魚介等のみなり。器械を以て織紝《しょくじん》し、及び金平糖《こんぺいとう》の如き小菓を場中に製し、之を客に売る。頗る盛大の会場なり。アレキサンドル、ホテルに過ぎ、吉田次郎氏を訪ふ。在らず。武田・手島諸子来たり餞す。倫敦滞留中の悪詩を左に録す。

倫敦市上作

汽車烟接汽船烟
四望冥々不見天
忽地長風来一掃
倫敦橋上夕陽妍

頂上晴雷脚底烟
一車入地一車天
中間吾亦車中座
驀過東西陌与阡

倫敦市上の作

汽車の烟、汽船の烟に接《まじわ》る。
四望冥々、天を見ざるも。
忽地《たちまち》にして長風来たりて一掃す。
倫敦橋上、夕陽妍《うるわ》し。

頂上は晴雷、脚底は烟。
一車は地に入り、一車は天。
中間、吾も亦車中に座し、
驀過《ばっか》す東西、陌《はく》と阡《せん》とを。

謁維霊敦之像
莫怪遺容凜有神
将軍功績足千春
輸嬴一決窪多路
擒得驕竜是此人

維霊敦《ウエリントン》の像に謁す
怪しむ莫れ、遺容の凜《りん》として神《しん》有るを。
将軍の功績、千春に足る。
輸嬴《しゅえい》一決窪多路《ワーテルロー》。
驕竜《きょうりゅう》を擒《とら》え得たるは、是れ此の人。

禽獣園
鉄檻劃園豺虎横
踏青士女趁晩晴
誰図釵影裙香裡
聴箇空山嘯月声

禽獣園
鉄檻《てっかん》園を劃《かぎ》りて、豺虎《さいこ》横たはる。
踏青《とうせい》の士女、晩晴を趁《お》ふ。
誰か図らん、釵影《さえい》、裙香《くんこう》の裡《うち》。
箇《こ》の空山、月に嘯《うそぶ》く声を聴かんとは。

二十日、火曜、晴。吉田・横山・小野三子来たり餞《せん》す。関・堀川二子送てヱースト停車場*に至る。午下二時四十五分石川子と共に倫敦を発す。車中右に長渠《ちょうきょ》を認む。是れ倫敦に通ずる水道なり。クリウの停車場*を過ぎ地道《ちどう》*を馳《は》す。長さ英里一里半と云ふ。八時十分前リバプール港に達し、*アンジョル、ホテル*に投ず。倫敦を距《さ》る英里二百里なり。此逆旅《げきりょ》は大にして客多し。朝飯は七時より十時迄、晩飯は一時より九時迄、客の随意なり。

二十一日、水曜、陰。水街*十号の発船局を訪ふ。夫《それ》より散歩し、港口の風景を望み、又馬車に駕《が》し行く二里、プリンセスパアク*に遊ぶ。園池清幽にして甚だ愛す可し。此日、兌銀舗《だぎんほ》にて本邦の壱分紙幣二枚を獲たり。コロンウェル街*の浴室に浴す。大浴場なり。

二十二日、木曜、晴。市街を遊歩す。午後四時に小汽船に乗り、汽船セルチック号に赴き、之に乗組む。該船は三千八百八十八噸《トン》なり。リバプール港は長くして深し。米国ニウヨルクを距る三千二百里と云ふ。左に灯台を望み、船北に向て走り、外洋に出でて西に向ふ。南方に遠山を見るのみ。

二十三日、金曜、晴。第八時三十分第二鈴を聴て、皆朝餐《ちょうさん》す。今朝右に山岳を見る。

舟南方に走り、十一時阿爾蘭《アイルランド》のクインストウン港*に入り、旅客を船に乗せて出づ。皆下等の客なり。此港は港口狭くして要害善し。リバプールを距《さ》る二百三十六里なり。第一時第二鈴にて午飯、六時に晩食す。

二十四日、土曜、晴、風。舟少しく動く。黄昏《こうこん》、雨となる。此日、舟行三百十七里。

二十五日、日曜、陰。大風起り舟掀舞《きんぶ》す。衆客皆臥して房を出でず。晩晴、風少しく歇《や》む。甲板に出《い》づれば、阿爾蘭及び日耳曼《ゼルマン》の下等船客男女、諧謔《かいぎゃく》百出、人をして抱腹せしむ。下賤の人は東西同じ情態なり。舟行三百六里。

二十六日、月曜、雨霏々《ひひ》。午前は風穏《おだやか》なり。晩に及んで風浪大に起る。困頓《こんとん》甚だし、復《ま》た此の洋中に航するを欲せざるなり。舟行二百九十四里。

二十七日、火曜、晴雨定《さだま》らず。風浪極めて大なり。パアサア、舟中のコンミッショネル、*旅客のチケットを集め、且つ年歯《ねんし》を問へり。午後一時船舶を左方に見る。舟行二百十五里。経緯四十九度三十七度の地を過ぐ。

二十八日、水曜、陰《くもり》。風暴なり。午《ひる》に及んで快晴。風止《や》む。舟始めて傾側の困苦を免かれ、衆皆食堂に出でて晩餐す。快甚し。舟行二百三十里。

二十九日、木曜、雨。大霧晦冥咫尺《かいめいしせき》を見ず。舟人汽笛を鳴して已《や》まず。衝突を防ぐなり。此日は風無くして波平《たいら》かなり。新ホウンドランドの漁猟場を過ぐ。海至て浅し。二、三日来、舟中寒気頗る強し。風の北氷海より吹来たるを以てなり。英人モルトン氏と竟日款晤《きょうじつかんご》す。此日舟行二百三十一里。洋客数十名舟行を賭《と》し、余も敗軍中に在り。五シルリングを失ふ。

三十日、金曜、陰。冥霧昨《きのう》の如し。風浪は穏かなり。終日英客と語りて悶を遣《や》る。舟行三百三十六里。

三十一日、土曜、快晴。衆大に喜ぶ。此日、銅牌《どうはい》を買ひ行李《こうり》を結束す。午下、細かに舟中の蒸気器械を観る。舟行三百五十一里。

六月一日、日曜、晴。四時長き島嶼《とうしょ》を右に見る。新約克《ニューヨーク》近きに在るを知る。衆皆欣々《きんきん》然《ぜん》たり。夜十時新約克に達す。此日、舟行三百三十五里。大西洋航海中、僅かに三絶あり。

経過東球三大洲　東球の三大洲を経過し、
直将余勇向西球　直《ただち》に余勇をもつて、西球に向ふ。
闇竜針路吾能認　闇竜《コロンブス》の針路、吾能《よ》く認む。
山大風濤葉大舟　山大《さんだい》の風濤、葉大《ようだい》の舟。

長天積水碧茫々　長天積水、碧茫々。
独倚鉄欄潮気涼　独り鉄欄《てつらん》に倚《よ》れば、潮気涼し。
万丈風濤一輪月　万丈の風濤、一輪の月。
客舟夜度大西洋　客舟夜度《わた》る、大西洋。

老鯨出没碧瀾間
五月朔風吹裂顔
自発英倫二千里
行舟未見一螺山

老鯨出没す、碧瀾《へきらん》の間。
五月の朔風《さくふう》、吹きて顔を裂く。
英倫を発してより二千里。
行舟未だ見ず、一螺《いちら》の山。

# 暁窓追録

# 暁窓追録序

丁卯秋月胞弟栗本匏菴
奉使仏国其帰也叙次其邦風土人物政令為一冊子見示蓋挙其大者小者不記也因思昔人于役絶域概憚蛮烟瘴霧之厄故多鬱轖愁苦之意而其言或不暢今乃火船汽車尤綦精巧是以雖狂瀾怒濤之中曠漠砂礫之場逡巡跋渉自少憂愁之態而可殫耳目所聞見故纚纚数言皆足以徴信固異于影響揣摩之談然則鄂爾泰俄羅斯之録紀暁嵐烏魯木斉之什視之此書或当遜一籌也瀏覧既畢聊弁詹詹以還之

明治己巳三月下浣栲窓拙者喜多村直寛識

柳沢信大書

丁卯《ていぼう》*秋月、胞弟《ほうてい》*栗本匏菴《ほうあん》、使を仏国に奉ず。其《そ》の帰るや、其の邦《くに》の風土・人物・政令を叙次し、一冊子として示さる。蓋《けだ》し其の大なる者を挙げ、小なる者は記さざる也。因《より》て思ふ、昔人《せきじん》絶域に于役《うえき》するに、概《おおむ》ね蛮烟瘴霧《ばんえんしょうむ》の厄《やく》を憚《はばか》る。故に鬱轖《うっしょく》愁苦の意多くして、其の言或《あるい》は暢《の》びず。今は乃《すなわ》ち火船・汽車、尤《もっと》も精巧を綦《きわ》む。是《これ》を以て狂瀾怒《ど》濤《とう》の中、曠《こう》漠砂礫《ばくされき》の場に逡巡跋渉《ばっしょう》すると雖《いえど》も、自《おのずか》ら憂愁の態少《すくなく》して、耳目の聞見する所を殫《つく》す可《べ》し。故に纚纚《しし》数言、皆以て信を徴するに足る。固《もと》より影響、揣摩《しま》の談に異なる。然らば則《すなわ》ち、鄂爾泰《オルタイ》*の俄羅斯《オロス》の録、紀暁嵐《きぎょうらん》*の烏魯木斉《ウルムチ》の什《じゅう》も、之を此の書に視《くら》ぶれば、或は当《まさ》に一籌《いっちゅう》を遜《ゆず》る*べき也。瀏覧《りゅうらん》既に畢《おわ》り、聊《いささ》か弁ずること詹々《せんせん》、以て之を還《かえ》す。

明治己巳《こし》*三月下浣《げかん》、栲窓《こうそう》拙者　喜多村直寛*識《しるす》

柳沢信大《のぶもと》*書

# 題言

『鉛筆紀聞』*を草するの後六年、不レ料《はからずも》命を蒙《こうむ》り法蘭西《フランス》に趣《おもむ》き、其《その》都府巴里《パリ》に寓する殆《ほとん》ど一年に近し。其間交り遊ぶ所数人《すにん》に及び、見聞亦《また》随て広し。自ら道《い》ふ、風土・人情・政令・物産、其《その》詳を尽す不レ能《あたわず》と雖《いえ》ども、稍《や》や端緒《たんしょ》を窺《うかが》ふを得たりと。帰田《きでん》の後、暁窓残燭、酒醒夢冷の際、往事を尋繹《じんえき》し、臆記する所ある毎《ごと》に片紙に条記し、所レ積《つもるところ》若干に至れり。敢て次序を為さず、乃《すなわ》ち綴《とじ》て一巻と為す。『紀聞』を読む人、併《あわせ》て此編を読まば、自《おのず》から彼此《ひし》相発すること有《あら》ん。

明治紀元十月　匏菴懶農《らんのう》書　於 東京礫川《れきせん》*村荘

# 暁窓追録

**ナポレオン法典の善美**　片言《へんげん》以て訟《うったえ》を断《さだ》む*可《べ》しとは、必ず子路《しろ》の賢にして然る後《のち》得べきことにて、庸才《ようさい》凡智の敢て跂及《ききゅう》する所に非《あ》らず。況《いわん》や情《まこと》なき者*其《その》辞を尽すを得ず。必ずや訟無《なか》らしめん乎《か》の場合に至りては、真に空前絶後、孔子の聖の外迚《ほかとて》も夢見《むけん》すること不レ能《あたわず》と思ひしに、今、法帝ナポレヲンの政令は殆《ほと》んど夫《それ》に類することあり。実に驚歎欽羨《きんせん》に堪《た》へざるなり。然れども静《しずか》に其跡に就て其事を考ふれば、決して為し難きことに非ず。今其概略を此《ここ》に言《いわ》ん。法国《フランス》に新定律書あり、ナポレヲンコード*と名《なづ》く。其書一冊五類、毎類、紙端の色を分ち検閲に便す。其五類、始《はじめ》の一項は、太子の定め方、特に己《こと》の子のみに限らず一族の賢を撰び、臣民の意に叶《かな》ひ治国の材に堪《たえ》たるを定むるを始《はじめ》として、遂に下々《しもじも》婚姻嫁娶《かしゅ》の掟、並に一家の主《あるじ》たる者歳二十《としはたち》に至らざれば独立すること不レ能《あたわず》、必らず親戚長者の代り管する者を待て、金銀仮借《かしゃく》は勿論百事の証記を為すに非ざれば、券書取り替せ出来《でか》せず、若《も》し犯す者は双方の曲《きょく》となり何等《なんら》の罰を得るの類を詳記し、第二項は、陸軍・海軍、上《かみ》は将校より下《し》も兵卒に至る迄、都《すべ》て武官の規則を記し、第三項は、諸税額の定め、田畝《でんぽ》・家屋《かおく》の売買、貨物《かぶつ》の仮借《かしゃく》、賃貸の掟を述べ、第四項は、文官の規則より、下《し》も市中取締り、市中邏官《らかん》ポリスの職掌に就て、行儀作法より取扱万端の心得方を記し、第五項は、僧官の職務行跡よりして、宗旨は国人各々《おのおの》其尊奉する所に任せて官より敢て是を好悪《こうお》せずと雖《いえ》ども、其宗旨に就て政事に妨礙《ぼうがい》することを禁絶する等の類を挙げ、毫釐《ごうり》繊悉《せんしつ》、遺《のこ》す所なく有らざる処なし。且其《その》軽重賞罰とも確然判然と世間に公布し、夫《それ》人皆知り、姦《かん》を容《い》れ可《べ》きの地なし。故に吏となりて上《かみ》に在り令を奉ずる者、民となりて下《しも》にあり令を受《うく》る者、共に此律に因りて断定し断定せられ、更に一語不服の者なし。遂に知愚賢不肖《けんふしょう》をして自ら省み自ら屈して、健訟強訴《ごうそ》をなさざらしむるに至れり。孛漏生《プロシア》・伊太利《イタリア》・荷蘭《オランダ》・是班牙《スペイン》等旁近《ぼうきん》の数大国、皆此書に頼《よ》り各《おのおの》其自国の律書を改定し、遂に英国の律学者も、律書はナポレヲンコードに依り定めざるを不得《えず》と云《いう》に至れり。

　余既に此説を聞き、又其徴を見て、極て其書の政治に要なるを知り、訳司をして速《すみやか》に翻訳せしめんことを欲せり。然るに其書一種の語辞、所謂《いわゆる》官府文字*の類にて、師を得て問質するに非《あら》ざれば徹底明暢《めいちょう》に至らざる処あり。仍《より》て岡士《コンスル》*フロリヘラルト*、学士和春《カション》*に託し、児貞《てい》*を扶《たす》け功を竣《しゅん》して、以て我国に益せんことを約したり。同時《ときおなじく》佐賀藩の佐野栄*なる者彼地《かのち》に在りて邂逅《かいこう》し、話次其事に及ぶ。彼《か》れ早く此書の善《よき》を知り、又其訳の難きを知り、大《おおい》に予が用心を讃し、成功の日、一部を繕写《ぜんしゃ》して其老侯*に呈せんことを跂望《きぼう》せり。

**訴訟の公平**　商估《しょうこ》瑞穂卯三郎*・吉田次郎の両人、博覧会社*のことに携《たずさ》はり久しく巴里《パリ》に留《とどま》れり。一日貨品授受の齟齬《そご》にて政庁*に呼び出《いだ》さるることあり。聴訟の頭領官、絳衣《こうい》峩冠《がかん》*、机を面《おもて》にして榻《とう》に踞《きょ》し、両人を延《ひき》て其正面に立《たた》しめ、徐《おもむろ》に問て曰《いわく》、某街の市人《しじん》某なる者何々の事件に因り日本估客と曲直を弁ずることありと訴へり、果して其事ありや。両人答て曰、あり。頭領頷《うなずき》て曰、果して其事あらば、請《こ》ふ、左手を挙げ天に誓《ちかい》て訴る無く隠す無く、委《くわし》く其実を言へ。両人其言の如くし、曲《つぶさ》に其情実を陳ずる、殆んど平常談話の如《ごと》し。頭領唯々《いい》として聞き、史官其側に在りて書記し畢《おわ》れば、罷《や》め出《いで》よと言ふのみ。造《うったえをなす》レ訟者・被《うったえらるる》レ訟者、絶て対決論難のことなし。三五日《さんご》を経て再び双方を呼び出し、前日の如く延て前に至らしめ、頭領断じて曰、市人某前日の訟、其《その》言ふ処云々《うんぬん》、日本估客云ふ処云々、我今彼此《ひし》の詞に拠り、傍《かたわ》ら保証人の言に照し、其情実を繹《たず》ね定めてナポレヲンコード何条の律に従ひ、其曲直を判じて某々の科《とが》に処せりと。唯此《ただこの》一語、訟者も被レ訟者も黙して退《しりぞ》く而已《のみ》なりと。是《こ》れ特に声と色とを大にして強ひて人を圧服すると、遷延濡滞《じゅたい》久《ひさしく》して不レ決《けっせざる》との弊なきのみならず、殆んど情なき者其辞を尽すを不得《えざる》の場合に庶希《しょき》すと謂《い》ふ可し。然して訟庭四面鉄格子の外《そと》、路人《ろじん》交戚を不レ論《ろんぜず》、聴者堵《かき》の如く*、頭領の裁許公平にして人意に適すれば、皆手を拍《う》ち喝采し、即晩新聞紙に上《のぼ》せて都府に充布し、不公平なるも亦然《しか》せり。

**弁護士**　訴訟の媒《なかだち》をなす者あり。我国公事師《くじし》*なる者に似て大に異なり、能《よ》く律書を諳《そらん》じ正直にして人情に通ずる者を撰《えら》み、官より俸金を給して、凡《およ》そ鄙野《ひや》の人、言語に訥《とつ》なる者必ず此媒者に謀《はか》り、然後《しかるのち》出訴せしむ。媒者能く其情実を悉《つく》して、訟《うった》ふ可きの理あれば助《たすけ》て訟へしめ、其理なければ諭《さと》して止めしむ。訟《うったうる》も不レ訟《うったえざる》も共に毫《ごう》も酬労謝功の費《ついえ》なし。若《も》し密《ひそか》に贈るも必ず堅く拒み不レ受《うけず》、其厳なる、何を以て能《よ》く然《しか》るや。蓋《けだ》し媒者屢《しばしば》人を扶《たす》けて出訴し、常に至正至公にして衆望是《これ》に帰すれば、追々階級進み、遂に聴訟の大頭領に至る。前途期する所遠大なり。宜《むべ》なる乎《かな》、能く身を護して謹厳なるや。

**巡査**　ポリスは市中巡邏《じゅんら》の小官なり。陸軍兵士中の謹飭《きんちょく》なる者を撰用すと云ふ。遠山《とおやま》形《がた》の帽子、蟬翼《せんよく》様の外套《がいとう》にして、腰間《ようかん》に鉄鞘刀を佩《お》べり。*人一目して其ポリスなることを知るべし。其数弐千人に及ぶと云ふ。常に市街中に満布し、大雨烈風と雖《いえ》ども屹立《きつりつ》して不レ動《うごかず》、或《あるい》は逐処《ちくしょ》に徘徊し、以て非常を警《いまし》む。劇場・観場の門口は言ふに不レ及《およばず》、郊外園囿《えんゆう》と云ども稠人《ちゅうじん》広衆の区には必ず数員出張し、車馬麕集《きんしゅう》の衢《く》、傍行側出、来去織る如くなれども能く条分科別し、觝触《ていしょく》に至らざらしめ、老少、是に頼《よ》りて踏跌《せきてつ》なし。真に無かる可からざるの職なり。

長崎会所の手代佐兵衛なる者、亦《また》博覧会社出品の件に因《よ》り、巴里《パリ》に寓宿せり。一片老《ろう》実《じつ》の奴《やっこ》にして、唯我が旅舎リウガリレイ*三十七番の一語を記すのみ。曾《かつ》て夜行し途《みち》を失ひ還るを不レ得《えず》。傍徨踟蹰《ほうこうちちゅう》、大に時を移して為す所を不レ知《しらざる》の際、忽《たちま》ちにポリスに行遭《ゆきあ》ひ、ガリレイの道を問ふ。彼《か》れ其《その》日本人にして道途《どうと》未だ馴れず、且つ語言不通にして諮訪《しほう》するに由なきを解し、遥《はるか》に導き共に其宿所に至る。佐兵衛其悃鷙《こんし》*に感じ、茗酒《めいしゅ》聊《いささ》か其労を謝せんことを手語す。彼微哂《びしん》し袂《たもと》を払て去る。佐兵衛、後《のち》一所親《しょしん》の法国人に其事を話す。法人云ふ、是れポリス職分のこと、我に於て敢て深く謝するに不レ足《たらず》、況《いわん》や彼《か》れ謝を受《う》るの理なしと云へり。

**ナポレオン法典と東洋**　和春《カシヨン》曰、新定律書能《よ》く周悉遺《しゅうしつのこ》す所無く、拠て以て治国の要具とす、是れ西洋各国の共に同《おなじ》き所なり、然れ共《ども》是を其儘《そのまま》東洋諸州に行ひ妨《さまたげ》なしと為す可《べか》らず、試《こころみ》に其一を挙て是を云はば、左手を挙げ天に誓ふの如き、凡《およ》そ洋教を奉ずる人皆誠慤《せいかく》＊、死に至り之を守り、敢て渝《かえ》る者無し、然るに印度人の如きは、必らず一人《いちにん》の嘱《しょく》を受て保証人となり天に誓ひ偽るなしと云ひ、又一人の嘱を受て保証人と成り天に誓ひ偽《いつわり》なしと云ふ、其天を偽り誓を忽《ゆるがせ》にする絶《たえ》て西人《せいじん》の無き所なれば、ナポレヲンの智と雖《いえ》ども此《ここ》に至て殆ど周《あまね》きこと不能《あたわず》、是れコードの書、其儘《そのまま》東洋に行はれ難き一証なりと。

訳成り刊行するの日、読者夫《そ》れ三思《さんし》せよ。

　法《フランス》公使魯節《ロッシュ》＊、横浜に在る日、常に我国風俗の美を賞し、亜細亜《アジア》第一の美国、支那・印度の遠く及ぶ所に非《あら》ずとし、且《かつ》支那は人身に譬《たと》れば老羸《ろうるい》の極にして薬石の力既に救療する所に非ずとし、我国は少壮の人稍々《やや》風寒の患を冒する如《ごと》く、纔《わずか》に調護を加ふれば乍《たちま》ち強健其始《はじめ》に倍するの説あり。余毎聴《きくごと》に信ぜず、以て諛詞《ゆし》とせり。丁卯六月海に航し、上海《シャンハイ》・香港《ホンコン》・新嘉埠《シンガポール》・錫蘭《セイロン》・亜丁《アデン》・蘇亦斉《スエズ》の諸港に碇船し、戊辰《ぼしん》四月帰航同《おなじ》く前諸港を経《ふ》るに、入港投錨の際、艙を鎖《とざ》し室を閉ぢ、極《きわめ》て出入を厳にし、以て偸盗《ちゅうとう》の患を防ぐ。

唯《ただ》法の馬塞里《マルセイユ》、我の横浜の二港、舟人四散し窓戸放開し曾て意を経《たて》ざる者に似たり。唯此《この》一事、亦以て政令厳粛・風俗淳美を知るの兆《きざし》なり。是、我国海外に航する無慮《むりょ》数百人の周《あまね》く知る所にして、余が一家言に非《あら》ざれば、魯節《ロッシュ》の東方第一美国の言、決して諛詞に非ず。果《はたし》て然らんには、譬《たと》へ戟レ手《てをほこにして》誓レ天《てんにちかう》の事無《なし》と雖ども、声と色とを大にせずして、漢竺渝レ盟《めいをかえ》*食レ言《げんをしょくする》の陋《ろう》を圧するに足る可し。新定律書、豈《あに》其れ借り用ひざるべけんや。

**パリの風物**　巴里の気候は、江戸より遥《はるか》に寒く、殆ど奥羽二州に似たり。予が客たるの冬は四十年来の寒威*なりと云ふ。静寧河《セーヌ》凍合し腹堅く、人馬履《ふ》み渉《わた》るべし。且《かつ》快晴の日至て少く、亭午《ていご》の晷斜《ひかげ》にして、箱館《はこだて》に在る日の想《おもい》を為す。是に於て男女パチネ*の戯あり。パチネは屧底《しょうてい》に滑沢《かったく》の鉄条を施し、氷上を踔行《たっこう》し、翩々《へんぺん》旋々舞ふが如く翔《かけ》るが如く、国帝・皇妃も時として出遊し衆に雑《まじ》はり此《この》戯をなす。巧みなる者は屧鉄《しょうてつ》にて細字を書し、*行々氷上に印する者あり。和春云《いわく》、巴里北緯四十度に過る、箱館と同じ。唯其寒暄《かんけん》を殊《こと》にする者は、蝦夷《えぞ》は絶海の孤島にして四面風を受け、然も其氷上を渡り来る西北の風なれば、奇寒骨《ほね》に砭《へん》し殆ど堪ゆ可らず。法国は西に是班牙《スペイン》・葡萄牙《ポルトガル》あり、北に英吉利《イギリス》、東に独逸《ドイツ》・魯西亜《ロシア》各国あれば、直に氷海の寒風を受ず。是れ其度を同《おなじゅう》して候を殊《こと》にする所以《ゆえん》なり。

予、巴里に在る、秋より冬を経て夏に渉《わた》る、九月の久《ひさしき》*に至れり。其間、家に蚤蚊《そうぶん》・鼠嚙《そごう》の患なく、途《みち》に酔人・盗偸、争闘・高歌の喧《けん》なく、且《かつ》火災・地震なし、真に楽土・楽邦と称すべし。然る所以《ゆえん》は、屋皆六、七層、石を畳《かさね》て壁と為し隔《へだて》と為し、鉄を展《のべ》て板とし桁《けた》と為し、柱礎《ちゅうそ》・榱桷《すいかく》亦皆然り。間《ま》ま階級*・戸扇《こせん》の木材を以て造る者ありと雖《いえ》ども、僅に過ざれば、蚤蚊鼠火の四災なき理《ことわり》にして、又法令の密、邏卒の厳、加レ之《これにくわうる》に気灯*の明なる、街衢終夕《がいくしゅうせき》白日に不レ異《ことならず》、是其《これその》酔歌盗争の喧なき所以なり。

二十年前、未だ気灯の設《もうけ》周《あま》ねからざりし時は、僻陋《へきろう》の巷街《こうがい》には時に強暴剽窃《ひょうせつ》の患あるを不レ免《まぬかれず》。気灯遍《あまね》く施して以来、前二件の患屏息《へいそく》し、何《いず》れへ消散せしや絶て踪跡なし。英都崙動《ロンドン》の広大にして気灯未だ到らざる処ありや、今日猶《なお》往々此《この》二患ありと、向山《むこうやま》黄村*、英より帰り話せり。

気灯の源*は巴里の外にあり。大鉄炉を設け石煤《せきばい》*を焼き、鉄管を以て地下に通じ、支管旁布《ぼうふ》し到らざる処なく、以て其気を通じ毎灯引《ひき》て以て点明す。其人家に列する者は、大抵夜十二時を限り灯源にて管を鎖《とざ》せば、一瞥《いちべつ》に撲滅し、街上にある者は、夜明天白《てんぱく》に至り一斉に鎖滅す。満都百万、一の遅速あることなし。

**気灯**　気灯の街上を照す、其明《めい》、俯して虫蟻を拾ふべし。故に暗黒無月の夜、風雨晦《かい》冥《めい》の際と雖ども、更に行歩を礙《さまた》げず。又其気極《き》めて煖《あたたか》なれば、人家引て暖炉に換ゆる者あり。現に予リウジャコフの客舎*に寓する日、食室中に設《もうく》るを見たり。

**下水道**　巴里中に於て可レ驚《おどろくべき》の挙は、地下の隧道《すいどう》*あり。隧、広闊五、六丈なる可し。隧中に溝あり、闊《ひろき》所は舟を通し、窄《せまき》所は車を架す。車の両輪溝の両岸に架し、輾《てん》じて而《しか》して行く。一車拾二人を乗す。船は両頭平闊にして其長《たけ》三丈なるべし。能《よ》く三十六人を容《い》る。溝の両岸気灯あり。又所々に鉄鋳の車輪窓あり、明を取る。溝中流水混々、甚だ深からずと雖《いえ》ども頗《すこぶ》る急なり。是《これ》、巴里人家厨《ちゅうかん》間汚水、及び街上雨潦《うろう》の流れて溝渠に入る可き者、皆箭中《とうちゅう》より潜して地下隧中の溝に入るなり。隧中又二の大鉄箭あり、長蛇の梁間に蜿延《えんえん》するが如し。其一は、人家食料飲水にして、遠く巴里数里外の河流を堰《えん》して箭中に容れ、分枝数千、各家の使用に給する者。其一は、各家厠《し》中より糞穢《ふんわい》を瀉下《しゃか》し、引て巴里三里外空曠の地に棄るなり。此挙や拾年以前創始する処にして、今既に巴里に半《なかば》せり。猶《なお》五七年を経《ふ》れば殆ど巴里に遍《あまね》かる可し。和春《カシヨン》云、隧道の設け行はれしより、街上絶て臭穢《しゅうわい》を聞かず。是を以て伝染疫痢《えきり》の患全く絶へたり。其証は、寺院年々葬埋の数、昔時に比するに大に減じ殆ど拾と九との如しと。

**オスマン知事のパリ大改造**　市尹《しいん》*ホースマン*なる人、会社を結び、巴里の街衢紆《がいくう》余曲《よきょく》折《せつ》する者を改め直達に造り、又、旧時は人多く徒歩し、貨物の外車載《ほかしゃさい》する者少《すく》なきに因《よ》り、巷上狭隘《きょうあい》なるも往来に礙《がい》せざりしに、今時は、馬車塡咽《てんえつ》何《いず》れの途も肩摩《けんま》轂撃《こくげき》なれば、必らず街路を修拓せざるを不レ得《えず》。故に人家の往来に妨げある者は、皆購《あがな》ひ毀《こぼ》ちて道路を改造す。其意、満都の道路をして不レ残《のこらず》フルバール*と名《な》け、樹木を列栽せる大路と成さんと期せり。現に今、数十箇所の造築に取り掛り、新築美麗の家屋も、不レ見《みざる》こと纔《わずか》旬日の間に忽《たちま》ち片礎《へんそ》も不レ存《そんせざる》に至るあり。草蕪《そうぶ》の棄地、俄然に雲聳《うんしょう》七層楼を現ずるあり。此《この》挙《きょ》行はれてより既に十年なれども猶半《なかば》に至らず、更に三十年を待て始て全く了せんと云へり。其費用は固《もと》より会社の出金にして官より給するに非《あらざ》れば、牛羊鶏豚麪糖酒煙の必需なるは固より、塩蔬藁芻《えんそこうすう》の微《わずか》と雖《いえ》ども、凡そ巴里に入る物、自国・他国の別無く必ず税あり。此税則ち此費に充《あつ》るなり。英人アレキサンドルシーボルト*云、巴里に匠作傭工人多し、此輩、物価の貴《たかき》を不レ畏《おそれず》唯だ功役の少きを畏る、故に閑曠《かんこう》にして日を渉《わた》れば必らず不良の挙動をなす。二十年の前、* 不レ断《たえず》一揆徒党の起りしは、職として此《ここ》に之《こ》れ由れり。当帝ナポレヲン此に見るあり、故に家屋毀造《きぞう》・道路改作、此の無レ際《きわなく》無レ限《かぎりなき》の工役を創《はじ》め、己の財を糜《つ》くさず、国の用を費さず、民の力を以て民の命を養ひ、帖然《ちょうぜん》として変動する勿《なか》らしむ。真に治国の巧《たくみ》なる者と云べきなり。

予、和春《カシヨン》に問ふ、道途を改作し往来に便する、善治の一端なり、然れども中智以下、旧に安《やすん》じ労を憚《はばか》る通情なれば、百歳可レ保《たもつべき》の家を毀《こぼ》ち昕夕愛陟《きんせきあいちょく》の園池を棄廃するは、殆んど不平愁苦の情無き不レ能《あたわざる》べし、何如《いかん》。和春答ふ、其始めや極て艱《かん》にして愁訴百出せり、就レ中《なかんずく》一人、祖先の墳墓改葬せざるを不レ得《えざる》者あり、道を改むるは不レ得レ止《やむをえず》して墳墓を撥《あば》くは不レ可レ忍《しのぶべからざる》の論起り、左袒《さたん》する者頗る多く、遂に衆議の断決を欲《ほっす》るに至れり。市《し》尹肯《いんがえんぜ》ずして曰《いわく》、墳墓は一人軀《く》を安ずるの区にして道路は衆人共に由るの地なり、子孫より祖先を見れば、寧《むし》ろ衆人の便を失ふとも祖先の軀を安ぜんと、其情《じょう》切なるに似たりと雖《いえ》ども実は私《わたくし》なり、是を以て子孫の孝とする祖先ならば、其人必ず正人君子に非《あら》ず、祖先果して正人君子ならん歟《か》、必ず己の一身を便するが為に衆人共に便とするの挙を妨《さまた》ぐる理《ことわり》なしと。此論破に因り更に喙《くちばし》を容《い》るる者なく、其人悦服し、後絶《たえ》て令に梗《こう》する者なしと。

パリの名所　観《かん》の盛なる者は、帝宮の西十町の外、石門あり、其高さ三十丈、登りて俯瞰《ふかん》すれば、満城人家歴々数ふ可し。門四面洞開《どうかい》し方石畳成《じょうせい》し、其上、人物花鳥画刻分《ぶん》明《みょう》にして、上方俯弓状をなす。アルフトリヨンプ*と名《なづ》くるは、其義猶《なお》凱弓と云ふ如し。第一世ナポレヲン大《おおい》に捷《か》ち、凱旋するの日築く所の弓様象巍《しょうぎ》*の意なり。夫《それ》より東十町、帝宮後面正中《しょうちゅう》に一の石柱*を標す。方丈四面、高さ二十丈に下らず。其石一片にして聯《れん》綴《てい》を須《もち》ひず、面背《めんはい》共に上代亜弗利加《アフリカ》文を刻す。亦一世ナポレヲン阨日多《エジプト》を征するの日、獲て而して移す所なり。歴山港《アレクサンドリア》旧《もと》二石柱あり。今猶其一を存す。是《これ》其一なりと云ふ。石門・石柱の中間左辺に蠟画の観あり。パナラマ*と名《なづ》く。意猶《なお》、望遠真景と云ふ如し。拾余年前、当帝伊太利《イタリア》と戦ふの図*なり。玻瓈《はり》円堂の中に設け、肉眼遠鏡自在に是を看る。其指点して人に示す者は、乃《すなわ》ち其時陣に在りし士官なり。近き目睫《もくしょう》より遠き数里の外に及ぶ。火槍乱発し、巨弾山を劈《つんざ》き、中に万蹄塵混《ばんていじんこん》、追ふ者、逃る者、傷を負ふ者、屍を輿《よ》する者、立つ者、僵《たお》る者、或は林を隔て隠れ、或は水を阻《そ》して狙ひ、嶮岨《けんそ》坦夷《たんい》有らざる処なく、ナポレヲン整々の旗堂々の陣と雖《いえど》も、猶《なお》馬前一セネラールの流丸に射中せらるるあり。精神活動、目観《み》て而して足其地に渉《わた》るが如し。殆ど昌黎《しょうれい》*一編の文を得て、之が記を作らざるを憾《うら》むなり。三田葆光《さんだかねみつ》＊云《いわく》、竜動《ロンドン》に蠟人の観＊あり、世界有名の人物挙《あげ》て遺《のこ》すなし、支那林則徐《りんそくじょ》＊の如き亦《また》其中に列せり、鬚眉《しゅび》生る如く語らんと欲し笑《わらわ》んと欲するに似たり、然れども巴里蠟画に比すれば、猶一籌《いっちゅう》を輸《しゅ》すと。此他、寺観《じかん》堂塔金碧燦爛《きんぺきさんらん》の目を眩《げん》する無《なし》と雖ども、奇構巨設の可ㇾ驚《おどろくべき》可ㇾ詫《あやしむべき》者枚挙に遑《いとま》あらず。

珍禽奇獣、虫魚花卉《かき》を育し、博物に資する園囿《えんゆう》二あり。一をジャルダンデックリマタシュン＊と云ひ、一をジャルダントブランド＊と云ふ。柵を作り檻《おり》を設け、虎豹犀象黿鼉《げんだ》蛇蝎《かつ》を始め、各方殊産の可ㇾ畏可ㇾ悪《おそるべくにくむべき》者を豢養《かんよう》し、以て人観に供す。又、硝屋暖窖《だんこう》＊には、印度・亜弗利加《アフリカ》等熱境の花草を置き、窮冬隆寒の際と雖《いえども》、皆欣々《きんきん》として栄《えい》に向へり。

古器玩・古石像其他《そのた》、蠟画・石槨《せっかく》・前世界化石・怪獣骨《かいじゅうこつ》の類を集め、以て攷古《こうこ》に備ふる所、是をミゼー＊と名け、政府より設け置き縦観《しょうかん》せしむ。是等《これら》皆故《こと》さらに其盛挙に誇るのみに非《あら》ず、人の耳目を娯《たのし》ましめ、智識闡発《せんぱつ》せしむ。亦善政の一端なり。

盤遊逍遥《しょうよう》に供する園は、其《その》壮大なる者バーテブロギ＊、ビュットサウモン＊其他、数所あり。就ㇾ中《なかんずく》バーデブロギを以て最第一とせり。其故は、郊原あり、山林あり、池沼あり、亭台あり、車を馳せ馬を駆る、更に妨碍《ぼうがい》なし。故に帝妃諸貴族を始め市中小民に到る迄、屢次《るじ》出遊す。其樹木森鬱《しんうつ》の処は幽邃《ゆうすい》にして、深山に入り薬を採り芝《し》を斸《ちょく》する人＊の如く、数里にして人に不レ逢《あわず》、亭榭《ていしゃ》*列布の処は、士女喧闐《けんてん》、往来雑遝《ざっとう》、殆んど東台墨堤《とうだいぼくてい》*遊春の客に似たり。其傍《かたわ》ら又広大の演武場*あり、方広殆《ほと》んど一里に及べり。

**軍隊の操練**　曾て澳地利《オーストリア》帝、二弟を率ひ共に法国に来《きた》る。法帝皇妃と共に延《ひい》て此郊に至り、十二万の兵を練るを見せしむ。士民縦観不禁《しょうかんをきんぜず》、予も衆人に混じ台上に到り看《み》るに、帝ナポレヲン・妃アンペラトリス*の至る処、国民皆帽を脱し高声に其名を喚《よば》ふ、是《これ》其《その》万歳を祝するなり。帝、馬上に在り亦帽を脱し左右に顧眄《こべん》し答礼す、同等の人に殊《こと》ならず。其賤野に対し貴を不レ挟《はさまざる》こと、大抵此《この》類なり。

此時伊太利《イタリア》にガルバルヂー*の乱あり。法帝、伊国の首鼠《しゅそ》を怒りて六万の兵を出し、其乱を戡定《かんてい》せんとす。陽に六万の兵を南方伊太利に出すに、陰に五万の兵を東北ライン河に備へ、以て孛漏生《プロシア》の急襲を警《いまし》めざるを不得《えず》、其大兵を出し辺境を陟《のぼ》る如レ此《かくのごとし》。然るに満城帖然《ちょうぜん》として知る者なきに似たり。偶《たま》ま其時に当り澳帝来る。猶咄嗟《とっさ》に十二万の兵を操練す、真に愉快事なり。

法兵の操練、予が逗留中三、四次も観たり。常に隊伍斉整画一ならず、往々参差《しんし》欹斜《いしゃ》する者あり、甚だ観《みる》に美ならず。予頗る是を怪《あや》しめり。山高郁堂《やまたかいくどう》*も臨戦実際の勇怯《ゆうきょう》は不《しら》レ知《ず》、平常其操練のみを見ては、白耳牛《ベルギー》都府及び英の属島マルタにて見たる者遥《はる》かに整斉、観るに堪へたりと云へり。

**フランス軍**　シーボルト云《いわく》、法《フランス》の陸軍精勁《せいけい》なるは英の跂及《ききゅう》する所に非ず。往年、英法兵を出し魯《ロシア》のセバストポル*を攻るに、其堡極《きわめ》て堅く且巧《かつたくみ》に守るを以て陥《おちいら》ざる三年なり。然れども遂に法兵死を犯し急攻するが為めに守ること不《あた》レ能《わず》、又支那天津の捷《しょう》*も、法兵の壁に梯《てい》し縋《つい》して登り、砲槍攅簇《さんそう》を不《かえり》レ顧《みず》敵塁に乗入するにありと。是に因りて之を観れば、兵固《もと》より練らざる可からずと雖ども、然れども真の強弱は自《おのず》から其外に在りと見へたり。

法の兵学者云《いわ》く、兵は久しく一処に馴れしむ可《べか》らず、馴《なる》れば必らず惰を生ず、故に屯営は三十日を限り交換し、戍兵《じゅへい》は半歳を期とし移易《いえき》す、然らざれば、屯営は居宅となり、戍所は郷里となると。

**欧洲各国の形勢**　会津藩の横山主税《ちから》・海老名郡治、唐津藩の尾崎俊蔵なる者、共に法国に来り、*夫《それ》より欧羅巴《ヨーロッパ》各国に周遊し帰路再び法《フランス》を過ぐ。予、其経歴、諸国の概《おもむき》を問ひしに、答曰《こたえていわく》、各国制度・文物、各《おのおの》小異あるに似たり。魯《ロシア》は蕪穢《ぶあい》にして未だ全く闢《ひら》くに及ばず、唯《ただ》、地広人衆を以て勝ち、英《イギリス》は交易繁盛、器械充牣《じゅうじん》、勢力強を以て勝ち、澳《オーストリア》は正統の旧国、孛《プロシア》の為に敗を取る、以来制度を変革し、上下一心富強の旧に復せんことを謀《はか》る、瑞《スイス》は僻陋《へきろう》の山国と雖ども、人淳《じゅん》にして俗厖《ぼう》、欧羅巴中に在りて太古の風を存する者、唯恐《おそら》くは土地偏狭にして葛屨履霜《かっくりそう》*の毀《そしり》を免れず。蘭《オランダ》は地開け人智にして諸般の学術能精《よくくわ》し、但《ただし》民富み王貧し、故に兵と成る者少《すくな》し、又国中唯《ただ》銀貨ありて金貨なし、蓋《けだ》し他国の金貨我に入る者は秘して不ㇾ出《いださず》、我の金は初より鎖《とざ》して出さざるの法なり、白《ベルギー》は新立の小国と雖ども、山に船材あり、鉄礦あり、石炭あり、返射鎔鉱の炉比々《ひひ》都会に盈《み》ち、頗る富強の状を為せり、伊《イタリア》は政多門に出《いで》て国内統一せざるに似たり、是其《これその》ガルバルヂーの乱ある所以《ゆえん》なり、其《それ》唯可ㇾ畏《おそるべき》は孛国《プロシア》なるか、孛は新捷《しんしょう》の大国、気焔方《まさ》に熾《さか》んに国内を挙《こぞ》り、丁壮は皆兵にして勇気勃振、恰《あたか》も刃《やいば》の新たに硎《といし》を出《いず》る如く、鋩光《ぼうこう》四発し、是に触《ふる》れば忽《たちま》ち死せんとするの機、人々眉宇《じんじんびう》に現れたり。

**各国の政治家**　予聞く、孛《プロシア》は旧来の強国と雖ども、近来に至り俄《にわか》に至強に至りしは、全く宰相ビスマルク*の賢に頼《よ》れり。ビスマルク政を執《と》るに及《および》て兵を練る七年、一朝《いっちょう》是を用ひ旬日《じゅんじつ》ならずして地を拓《ひら》くこと二千里、現世界帝王の最と称するナポレヲンと雖ども、猶畏憚《いたん》するに至る。何ぞ其壮なるや。

法《フランス》の故宰相ロアンドロイス*亦《また》有名豪邁《ごうまい》の人なり。丙寅《へいいん》の年、*法・孛・リクセンビュルク境界の論起り、殆ど兵を挙《あげ》て戦《たたかわ》んとす。ロアンドロイス尤《もっと》も其事を主張す。法帝、孛の強《きょう》必勝を保ち難きを知り、遂に英魯講和の説に従ひロアンドロイスを廃す。今日に至り国人深く歎惜せり。

丁卯《ていぼう》の年、*ビスマルク、孛王及び太子に扈従《こじゅう》し、法に来り博覧会を観る。其人五十余、頭禿歯豁《とうとくしかつ》、淳然たる一の田舎翁《でんしゃおう》のみ。然れども議論侃々《かんかん》泰山も移すべし。此言は易《か》ゆ可《べ》からずと云《いう》の気象ありと云ふ。布帛《ふはく》の染色茶褐にして微黒を帯ぶる者をビスマルクと名《なづ》け、法国士女皆好んで是を服し、用ひざる者は迂《う》にして時好に後《おく》るると訾笑《ししょう》せり。其敵国に迄貴重せらるる、此《かく》の如《ごと》し。

伊《イタリア》のガルバルヂー、狂妄を不レ免《まぬかれず》と雖《いえ》ども、亦《また》一個の奇男子なり。曾《かつ》て海軍小校《しょうこう》*と成り亜細亜《アジア》西方に航せしこと有りと。後、陸軍隊長となり不羈《ふき》を以て職を廃せられたり。以来欧州に歴遊し盛に一種の説を立てり。其説に云く、世界各国皆帝王あり、是《これ》私意にして天理に背《そむ》く、故に予、義徒を協糾し悉く帝王を廃逐《はいちく》し、各国皆共和政治となし、頭領を立て逐番《ちくばん》禅譲し、以て至正公平の治を施し、強《つと》めて万民の便安に至るを期すと。檄文刊布、伊は固《もと》より英・瑞《スイス》其他、各国和従する者頗る多く、ガルバルヂー到処《いたるところ》、旌旗《せいき》を建て是を迎へ、百工其職を休み、奔附《ほんふ》するに至る現《あらわ》る。丁卯八月、鑾山《らんざん》公子、*瑞《スイス》に聘《へい》しセネーブに往て測時器廠《しょう》を観《みる》の日も、役夫《えきふ》等渠《かれ》を迎へて在らざるが為に、局鎖《とざ》し職を休み、観に不ㇾ及《およばず》して帰るが如し。既にしてガルバルヂー伊《イタリア》に還《かえ》り、方《まさ》に事を挙《あげ》んとするの際に至り発覚し、擒《きん》せられ獄に下り、海嶋に流し禁錮せらる。然るに党与数千、蹤《あと》を追ひ海嶋に至り、獄を毀《こぼ》ち是を出し、衆擁して主将となし兵を抗《あ》げ、羅瑪《ローマ》を攻め法王*を滅せんとす。伊君臣、亦甚だ之を拒まず。此に於て法帝ナポレヲン大に怒り、兵を伊境に臨ましめ、嚇《かく》して己の説に従はしめ、遂に各国、羅瑪を戍《じゅ》する兵と共にガルバルヂーを討て是を平《たいら》げり。是れ同年十月の事なり。巴里の婦女少者《しょうしゃ》戴《いただ》く所の帽にガルバルヂーと名《なづ》くるあり。*蓋《けだ》し其人の創意製造なりと云《いう》。俗間の好尚、其原《もと》の可否を不ㇾ問《とわず》、世間往々に是あり。何ぞ独《ひと》り此帽に怪《あやし》まん。

法《フランス》の故宰相ロアンドロイス亦年歯《ねんし》五十余、*特《ひと》り相貌雄偉なるのみならず、抱負も頗《すこぶ》る大なりと云《いう》。今廃せられ勢無しと雖ども、猶《なお》内議の官に居て、機事密勿《みつぶつ》、時として帝の諮諏《ししゅ》に予《あずか》ることありと。今本草《ほんぞう》会社*の頭領となり、会日毎《かいじつごと》に僧俗男女数十人出席し、開レ物成レ務《ものをひらきつとめをなす》の事を研窮せり。予、医師ガランモンなる者に誘はれ、二、三次其席に臨む。彼、日本の北部に真の竹ありや、薯蕷《しょよ》を圃《ほ》に植へ秋成の日能く欠折なく掘採の法、及び日本の蔬菓《そか》、法国に移し民益を成す可き者幾許《いくばく》ありや、の問目《もんもく》三題を出したり。因て各々図絵し略説を附し与へたり。彼大《おおい》に悦《よろこ》び、予が帰程に就《つく》に臨み、懇書及花草菜菓数百の種子を贈れり。

**富国強兵の秘訣**　魯節《ロッシュ》云、古時某国に有名の軍師あり、毎戦必勝を以て各国に貴重せらる、一日、某王あり、懇待して其術を問ふ、軍師云く、出レ兵興レ師《へいをいだししをおこす》の要は他なし、唯《ただ》三秘訣あるのみ、能く是を守る者、謀《はか》る処必ず成り、攻る処必ず克《か》つ、王謹《つつしみ》て其目《もく》を請ふ、軍師云く、必勝三訣、第一に貨幣、其次を問ふ、曰く貨幣、其次を問ふ、曰く貨幣、又其次を問ふ、又答曰《こたえていわく》貨幣と。此語戯謔《ぎぎゃく》に似たりと雖《いえ》ども、其実至理《しり》と云ふ可し。現今欧洲、三家の鉅富人《きょふじん》あり。*皆兄弟にして、伯《はく》は是班牙《スペイン》に在り、季《き》は魯《ロシア》に在り、仲《ちゅう》は巴里《パリ》に在り、英・澳《オーストリア》・孛《プロシア》・瑞《スイス》、其他各国都府、皆支店旁肆《ぼうし》ありて往来せり。各国有事の際、皆其貲《し》に資せざるなし。就レ中《なかんずく》魯国にては、始より其人に議し允諾《いんだく》を得るに非《あら》ざれば資用不給《きゅうせず》、以て兵を挙《あぐ》ること不レ能《あたわず》と云ふ。

和春《カシヨン》云、宗旨の一派*に元希臘《ギリシア》より出る者あり、此教を奉ずる種族の人は世間少しく鄙《いやし》めり、然れども貼《こ》販《はん》の道極めて巧にして皆富満を致せり、現に今巴里肆《しちゆう》中に在りて金宝珠玩の其貨《か》小にして其価《か》大なるを鬻《ひさ》ぐ家、多くは其族なり、凡《およ》そ西洋各国都肆《とし》に列する店、日曜に当れば必ず戸を鎖《とざ》し業を休む、独り此派の家は不レ然《しからず》、却《かえっ》て水曜を以て鎖戸休業す、故に一目して知る可し、前《さき》に言ふ鉅富三兄弟の如き、乃《すなわ》ち其教派の人なり。

**国勢と貨幣価値**　各国政府、皆国内及び外国人民に債を負《おわ》ざるなし。其数年々新聞紙に出《いで》て明白なり。此債は則ち其国の楮幣《ちょへい》なり。譬《たと》へば百万金の財を借《から》んとするには、百金の楮幣一万片を作り、其国一歳の入る所と出《いず》る所とを会計し、其余貲《よし》若干を以て息《そく》を加へ、帰償するの数期を定め、国内に布告して是を売るなり。是を以て国力強く政令確《たしか》なれば、人々争ひ買ふ、故に薄息《はくそく》にして乍《たちま》ち售《う》れ、然らざれば是に反す。

他国の治乱安危《あんき》を早く知者《しるもの》、楮幣に如《し》くはなし。如何《いか》んとなれば、楮幣は蔵貯に便にして千万の多きも懐裏に収む可《べ》く、且《かつ》用あれば、何《いずれ》の時何の地にても現貨となすべし。故に人々是を得んことを欲し、善政美治の国は楮幣の価、常に現貨より貴《たか》し。然して稍《や》や変乱動揺の機あれば乍《たちま》ち低下す。一たび其低下の機を見るや、人々競《きそい》て己の有する所

の楮を出し是を売る。其昂低《こうてい》、実に時の分秒を争ひ一点の慢《おこたり》なし。故に、巴里《パリ》に於ては
リイブル街天文台*の時計を正確の証と定め、商估《しょうこ》日々来り、照して己の時を正す者あり。
伊国争乱の際、其楮幣の価甚しく低下し、百金の楮、巴里にて四十五弗《ドル》迄に至り、猶
売る者ありて買ふ者なし。然る所以《ゆえん》は、其治乱の成り行きを考へ、人々危懼《きく》し、其空《むなし》く
一片の故紙を擁するを慮《おもんばか》ればなり。又、法《フランス》・孛《プロシア》、将《まさ》にリクセンビュルクに事あらん
とする時に当り、孛の楮幣は下落せず、是に於て勝敗の兆《きざし》見へたりと云へり。

セーヌ河と鉄道　析奴《セーヌ》は巴里城を貫く河流にして、法国第三の大河なり。鉄橋・石橋、
随所に之を架せり。両岸甃《いしをたたみ》レ石水を縮むるに因《よ》り、其流《ながれ》頗る急駛《きゅうし》なり。汽船の小なる
者、常に上下来往し、或《あるい》は人を乗せ或は貨を積む。又、河の両岸常に釣客《ちょうきゃく》あり、竿《さお》・
糸・浮《うき》・沈《おもり》・鉤《はり》・餌《えさ》の六物、都《すべ》て我に異なることなし。唯蚯蚓《きゅういん》極て鮮紅にして血色の
如し。試みに其籃《かご》を窺《うかが》へば、終日の獲《と》る所何《いず》れも小鰱《しょうれん》・細鰷《さいじょう》五七頭に過ず。吁嗟《ああ》天地
何《いずれ》の処か閑人を少《か》かん。

巴里は海に遠きの地にして、析奴の一河、満城の漕運に供するに不足《たらず》。是れ汽車の
行《おこなわ》るる、歳《とし》に昌《さか》んに月に殖《しょく》する所以《ゆえん》なり。而して無情の器を労して有霊の人を逸する、

舟船自在の国と雖ども此利興《おこ》さざるべからず。荷蘭《オランダ》・白耳牛《ベルギー》、弾丸黒子《こくし》の地、*加レ之《これにくわうる》に水運自如《じじょ》なるも猶些少《なおさしょう》の汽車あり。況《いわん》や地境是に倍蓰《ばいし》して且舟楫《しゅうしゅう》足らざる地なるをや。

**電信網の発達**　電信の便利、人皆之を知る。巴里より錫狼《セイロン》に到る汽船一月程、電信五日にして達すべし。蓋《けだし》線条、地中海を経て都爾格《トルコ》に度《わた》り、北折して魯都《ろと》に至り、然る後、錫狼に達す。中間亜辣毘亜《アラビア》の地、曠漠《こうばく》未だ線を施すに及ばざるの地、騎馬急逓《きゅうてい》するの地あり。故に猶二日を緩《ゆる》ふすと云ふ。近時瑞国《スイス》に一工あり。其造る所の電機更に奇巧を極め、片紙《へんし》に書画を写し直《すぐ》二千里外に達す。毫髪不レ錯《ごうはつあやまたず》、向山《むこうやま》黄村大《おおい》に感じ、田辺太一・箕作《みつくり》貞一*をして其器を購ひ、就て其技を受しむ。*従学三旬にして成る。予、其「百敷《ももしき》の大宮人は暇《いとま》あれや桜簪《かざ》して今日も聚《つど》へり」の句を写《うつす》を見る。太一の筆格一点を不レ誤《あやまたず》、真に奇とするに足れり。

**印刷術**　蒸気器械の利は尽《ことごと》く意表に出て、凡眼驚くに堪《たえ》たることのみなり。曾《かつ》て新聞紙を刷するを見るに、一片の紙《かみ》表背共に印し折《おり》て四片と為す可き者、二頁《けつ》づつ一時に刷し、器械一低昂《ていこう》の間翩々《へんぺん》として成る、瞬息間、積む所千百を以て数ふべし。瑞穂《みずほ》卯三郎云ふ、造紙局に至り、更に其妙を極めたり、先づ第一に、汚布《おふ》・敗帛《はいはく》・穢悪《わいお》・紙屑《しせつ》、堆積して山を成し、其次、鉄磨《てつま》之を磨し、気筩《きとう》水を噴し、和して黒濁汚水となり、渾々《こんこん》として鉄溝中に流る、又気筩あり薬水を灌注《かんちゅう》す、濁色乍《たちま》ち渙散し皎潔鉛華《こうけつえんか》色《いろ》に変じ、猶《なお》流るるに随ひ機器之を盛り、漉《こ》して白紙となる、既に紙と成るの後、漸々移行の際、忽ち蒸気の熱度に遭《あ》ひ潤湿尽《ことごと》く去り全く乾浄す、然る後、鉄板是《これ》を緊圧し滑沢《かったく》ならしむ、夫《それ》より畳層《じょうそう》し大刀横截縦裁《おうせつじゅうさい》し、乃《すなわ》ち梱載《こんさい》し以て肆舗《しほ》に送る、頃刻《けいこく》の間、布山乍《たちま》ち濁水、濁水乍ち白水、既に漉《こ》して又燥《かわか》し、既に圧して又截す、其梱載の時に至り、豈《あに》亦敗絮壊《はいじょかい》帛《はく》の痕《あと》あらんや、真に人をして瞠目咋舌《どうもくさくぜつ》せしむるに足ると。

**二人の親日家**　予、常に笑ふ。書生の漢籍を好む者、常に支那を尊尚し雅致《がち》風韻《ふういん》ありとし、洋書を読《よむ》者、常に欧羅巴《ヨーロッパ》を主張し開化文明なりとし、共に甚しきに至りては、飲食・衣服の末に至りても各々其《その》好む所に従ひ、強《つと》めて夫《かれ》に模《も》倣《こう》せんことを欲する者を見て、窃《ひそか》に是を陋笑《ろうしょう》せり。然るに久しく巴里に在りて、彼《かの》国の人の我国を好む者、亦甚《またはなは》だ我俗を敬慕し、我飲食・衣服をも好むを見て、始めて天下の通情非笑《ひしょう》すべからざるを悟れり。今此に其一、二を挙げん。岡士《コンス》フロリヘラルト、学士ロニー*、共に我国に航来する者に非《あら》ず。然れどもフロリヘラルトは我国の岡士日尼拉爾《コンスゼネラル》を任ぜられ、ロニーは我国の書を読む者にして、共に我国に因《ちなみ》あり。故に皆強《つと》めて我国を主張し、若《も》し詆《そし》る者ある時は、怫然《ふつぜん》の色《いろ》言面に見るのみならず、平常の嗜好《しこう》も亦粗々《ほぼ》我に模倣せんとせり。凡《およ》そ洋人の洋茶を喫する、必らず糖を点じ、然る後始めて咽に下る。今此《この》二人甚だ我の茶を好み、常に糖を加へず。又時に抹茶を噉《の》む、聊《いささか》矯飾《きょうしょく》に出でず。ロニーに至りては、洋烟を喫せず我の煙を喫し、管袋都《すべ》て我が邦製を佩《はい》せり。

ロニー、歳二十余、一個の奇書生なり。家至て貧なれども産を不レ治《おさめず》、母に事《つか》へ頗《すこぶ》る孝なり。唯性《ただせい》議論を好み、善く人を詆譏《ていき》す。故に人甚だ是を貴ばず。然れども善く我国の史書を読み、能く我国の事蹟を記す。『日本史』『日本記』『日本外史』の類、瀏覧《りゅうらん》遺《のこ》す無く、旁《かたわ》ら雑書に及べり。現今、巴里に於て日本学校の教頭を命ぜられ、徒弟頗る多し。屢々《しばしば》予の館を訪ひ、通常言語は故《こと》さらに訳者を謝し対話す。但《ただし》、語音佶屈《きっくつ》、且つ助詞を解せざるを以て、十中纔《わずか》に三、四を諦聴《ていちょう》せり。

ロニー、鉛筆を以て我の字を書す。字格端正にして且《かつ》頗る速《すみやか》なり。自から姓名を訳し羅尼と書す。曾て人の嘱《しょく》を受け我国桑蚕耕織《そうさんこうしょく》の書を訳し、又、彼国《かのくに》新聞紙を訳し共に予に示せり。

医師ガランモン、胸懐淡雅《きょうかいたんが》、頗る物産の学を好む。故にロアントロイス本草会社中に於て大《おおい》に愛重《あいちょう》せらる。曾て我国の楮紙《ちょし》を称し、其勁《つよき》、布帛《ふはく》に殊ならず、撚《ねん》じて線となし、操して布となす、他産の絶て髣髴《ほうふつ》する不レ能《あたわざる》ところにして、世界第一品とせり。

**日本の産物**　我国髹漆《きゅうしつ》の器、宇宙第一品たることは天下の公論にして、固《もと》より予の喋《ちょう》々を労せず。然れば外国人甚だ是を重んじ、凡そ我に来航する者、多少必ず帯び帰らざるなし。現に今、巴里の人家毎《いえごと》に一、二品を貯へ、座間に駢列《べんれつ》せざるなし。又、郵船中常に多く貯へ、我に航せざる旅客の購買に備ふるを見たり。

巴里に於て、今日に至り人々尤《もっと》も愛貴する我国の産は、広東焼《カントンやき》・七宝焼《しっぽうやき》に如《し》く者なし。瓶・壺・器・皿、鍮質《ちゅうしつ》に磁を嵌《かん》する者、雲紋・花鳥、五色爛然《らんぜん》たり。陳眉公《ちんびこう》の陶説*に、是を仏朗嵌《ふらんかん》と名《なづ》く、其名に就て之を観れば、其製、元《も》と法国に出るに似たりと雖ども、今其国人甚だ是を珍奇するを見れば、其託名《たくめい》なるを可レ知《しるべし》。虎杖《いたどり》の高さ丈に越へ紅花を開く者、蝦夷《えぞ》産と称へ流伝《るでん》既に久し。然れども予、遍《あまね》く蝦夷を巡行して其種を不レ見《みず》。後、江戸より是を移し箱館七重《ななえ》村の官園*に栽《う》ゆ。土人始て見て其《その》何草なるを不レ知《しらず》。殆ど同日の談なり。

**親日派新聞**　澳人巴里に在り、メモリヤルと名《なづ》くる新聞紙*を作る者あり。今、其人名を忘れたり。澳人にして曾て澳の岡士日尼拉爾《コンスゼネラル》たり。年六十有余、亦甚だ我国を貴慕し、其国に建言し通商貿易せんとす。澳、当今多事なるを以て未だ行はれずと云《いう》。其新聞紙極めて我国を讃美し、往々実に過たる者あり。予、其読む者を誤らんを畏《おそ》れ屢《しばしば》之を論ずれども、頑《かたくな》にして改《あらたむ》るを不レ欲《ほっせず》。瑞《スイス》人も亦甚だ我国を貴重し、山水民俗都《すべ》て相似たりと称し、又、瑞の婦女をして今日絹帛《けんぱく》を衣《き》るを得せしむるは、実に我国と交通するの利に頼《よ》れりと云へり。

**スイス**　瑞は協和政治の州にして、其都府ベルグ亦甚だ盛ならず。大頭領なる者、市店楼上に僑寓《きょうぐう》し、日々其府庁に往き政を聴き、又、賓客大饗あれば必ず酒舗《しゅほ》に於てし、*騎歩兵馬、共に常に農に寓せり。然して其山中僻幽《へきゆう》なるを以て人々他の顧念なく、学術精研なりと云ふこと。故に、四方の年少来《きたり》て校に入る者あり。今の法帝*少《わか》き時、亦《また》瑞に在りて学べり。

瑞の山水極めて秀美、瀑布《ばくふ》あり、雪嶺あり、樹木交樾《こうえつ》、他州其比を不レ見《みず》。是を以て、夏月各国より来遊し、暑を避け情を慰する者多し。

**オランダ** 荷蘭《オランダ》、我に交《まじわ》る最も久し。故に我の産物、大抵あらざるなし。食味に至りても亦然り。醤油の如き、其国人皆是を嗜《たしな》むを以て、凡《およ》そ酒肆《しゅし》・肉舗、必らず備《そなえ》て以て人の索《もとめ》に応ぜり。又多く漆樹を移し種《う》ゆ。唯《た》だ風土応ぜず、十年の久《ひさし》き猶拇指《ぼし》の大に到らず。

**ベルギー** 白耳義の荷蘭《オランダ》に叛《そむ》ひて独立するや、外国陰に是を賛成すと雖ども、其実は、荷自ら是を致すものあり。其故は、荷久く白地を併有すと雖ども、風俗・言語自《おのずか》ら一様ならず。蓋《けだし》、荷の原《もと》は独逸《ドイツ》より出《いで》て、猶其流風余音《りゅうふうよいん》を存し、白の原は法より岐《わか》れて、未だ其故態遺響《こたいいきょう》を不脱《だっせず》。是以《これもっ》て、荷人平生白人を陋笑《ろうしょう》し之と歯《し》せず。偶《たまたま》才学特達の者あるも、猶拘束挾制《きょうせい》を免かれず。故に白人常に怏々《おうおう》不平なりしが、一端《いったん》荷の政振《ふる》はざるを窺《うかが》ひ、遂に釁《きん》に乗じて起り、別に一箇独立不羈《ふき》の国*と成れりと云ふ。

**フランス** 支那・印度を距《さ》りて西数十日程*、山は皆赭《あかっち》にして地は墝《やせち》なり。漸く伊《イタリア》の南辺に至り、始めて緑樹・青草を見る。法国又多く瘠土《せきど》なり。故に種芸糞培《ふんばい》極めて力を尽し、山顛水涯《さんてんすいがい》、傾側崎嶇《きく》の処と雖ども、皆墾《たがや》して田畝《でんぽ》となし、植《うう》るに葡萄《ぶどう》を以てす。葡萄、大小青紫の数種あり。菓となし酒に造る、各《おのおの》其類を殊《こと》にす。然して皆其蔓《つる》、五、六尺に過ぎず、年々根際より截《き》り其蔓を新《あらた》にす。我邦有る所の者と自《おのず》から別なり。

予曾て独《ひと》り謂《い》ふ、力を稼穡耕耘《かしょくこううん》に尽す、外国の民、恐くは我が民に如《し》かずと。法《フランス》の境に入り、田野《でんや》悉く闢《ひら》け、地力・人力并《あわ》せて尽さざる所なく、高燥卑湿耕す可からざるの地は、栽《うう》るに細莎《さいさ》を以てし、一の荊棘《けいきょく》を雑《まじ》へず以て牧養に供し、樹林は雑草を芟除《さんじょ》し悉く糞培を加へ、籬落田畔《りらくでんぱん》の隙地《げきち》と雖《いえども》、曾て荒蕪蔓草《こうぶまんそう》に委《まか》するなきを見て、大に驚愕せり。若《も》し我国をして如此《かくのごとき》に至らしめば、何《いず》れの地も良田ならざる無く、更に一の日本を生ずるに斉しからん。魯節《ロッシュ》常に云ふ、東洋の各国、土地皆極めて肥美なれども、其人《ひと》多く懶惰《らんだ》にして、西洋諸州は、大抵瘠土磽确《せきどこうかく》なれども、其人甚だ勉強す、彼に与ふる者は此《これ》に奪ひ、此に厚ふする者は彼に薄ふす、是《これ》天の偏跛《へんぱ》なき所なりと。信《まこと》なる哉。

**障害者医療**　巴里に痀瘻《くる》・駝背《だはい》・跛躃《はへき》・夔足《きそく》の人多し。予、外に出る毎《ごと》に必らず見ざること無し。或云《あるひという》、是れ医に良工多き所以《ゆえん》なり。此輩、短折夭殤《ようしょう》せずして能《よ》く天然を全《まったく》するを得ること、東方の得難き所なりと。

**パリの四季**　第一世ナポレヲンの墳《はか》*あり。堂宇壮宏、規模頗《すこぶ》る大にして周《まわり》に隍《ほり》あり。其内、一の養老院*あり。衣食豊鮮にして養ふ所数百人なり。是皆戦闘傷を受け、終身廃《はい》頽《たい》して帰する所なき者を置《おく》の地なり。又、市間に乞丐《きっかい》する者あり。粗悪と雖ども必らず衣履冠帽《いりかんぼう》を著《つ》け、琴簫鼓楽《きんしょうこがく》を奏し、毎レ戸《いえごとに》銭を乞へり。絶て一の赤脚《せっきゃく》裸体、徒手にして行乞《ぎょうこつ》する者なし。蓋《けだし》厳禁なりと云。

道路を洒掃《さいそう》すること日々*必らず両次にして、霜葉乾落《そうようかんらく》の時、疾風揚塵《しっぷうようじん》の日には屢次《るじ》聯行し、篲《ほうき》を揮《ふるい》て掃し機を転じて水を噴する、殆んど間断なし。又、雨水泥濘《でいねい》は膠刷《こうさつ》を以て馬後に接し、推し行て是を拭浄す。故に士女出遊するに、曾て裳《もすそ》を褰《かか》ぐる者なし。又、人家の棄物蔬屑《そせつ》菜余及び藁芻爛壊《こうすうらんえ》の類は、晩間是を戸外街側に堆するに、暁を侵し車を以て載せ去る者あり。是皆、賤民及び軽罪の者を雇ひ、官より賃を出《いだ》して如レ此《かくのごとく》せしむと云ふ。

市街の道路*は、何《いず》れの所にても、両傍人家に近き処は道の広狭に従ひ、或は五、六間、或は一、二間、街の長短曲折を逐《お》ひ、高く三和土《たたき》*にて築き徒歩人の往来とし、中間低所は、細砂或は磚石《せんせき》を以て平敷し車馬の通区とす。故に雑沓の処と雖ども輾轔《てんりん》の過《あやま》ち鮮《すくな》し。然して其三和土の車馬路に接する側面に縦孔あり。雨潦泥淖《うろうでいどう》、皆其内に潜入し、然る後、隧中《すいちゅう》の溝に入る。其三和土は極て堅固にして石に異ならず、其製を見るに一種紫褐色の土なり。薬汁と共に煮る、悪臭殆《ほと》んど鼻を撲《う》つ。其熱するに乗じて鉄杓を以て地上に攤《だ》し、木片を以て是を擦す。其厚《あつさ》一寸に過ぎず、且つ旋《や》や擦し旋や歩するに更に粘着せず、経年の者に異ならず。甚だ奇なり。予、其法を得んと欲し、医師ガランモンに謀《はか》るに、彼も深く知らず、後に詳記し送らんことを約したり。

如レ此《かくのごとく》、徒車各々路を殊《こと》にすと雖ども、兵隊は中間車馬の路を擁行す。又、婦女童子は随意に隊伍の中間を横截《おうせつ》して更に誰何《すいか》せず。男子は然らず。

巴里には秋度《と》雁《がん》を聞かず。春燕《つばめ》来らず。平生烏鴉《うあ》甚だ少し。蓋《けだ》し街上清潔にして、遺粒棄肉なきを以ての故なるか。歴山港《アレクサンドリア》には烏鴉多く有り、皆白頭なり。燕丹《えんたん》の事、*深く奇とするに足らず。

野禽山鳥、是を取るに時あり。時至れば、官より令を下して是を許す。乃《すなわ》ち網罟《もうこ》繒《そう》繳《しゃく》*随地施《ほどこ》す可し。時去れば、又令を下だし是を禁ず。国帝と雖ども犯す能はず。故に其時に非ずして是を売る者は、必らず百里の外より致す。是を以て其価甚だ貴《たかく》して且つ得難し。買ふ者殆んど鮮と陳とを不レ弁《わきまえざる》あり。鷸《しぎ》の一種ベカス*と名《なづく》る者あり。簷《のき》に懸け是を曝《さら》し、微臭を生ずるを待て煮る。嗜者《たしなむもの》頗る多し。是れ其臭を好むに非《あら》ず、其臭に慣るるなり。此他、野獣兎鹿の属、往々其臭敗に堪へざる者あり。

**ソースとバター**　英にソーヅと名《なづく》る醢《ひしお》あり。甚だ我の醤油に似たり。然れども辛味を帯びて佳ならず。酴醁《とらく》ボートルの属西洋に在りて、是を食《くら》へば極めて鮮美にして、一日も是《これ》なかる可《べか》らず。其《その》航して紅海以東に至る者、塩を和し敗を防ぐと雖ども、猶《なお》臭悪にして一匕《いっぴ》を嘗《な》むるを欲せず。此他飲食、彼国にありては甚美にして、我が国に輸来すれば殊《こと》に美ならざる類、頗る多かる可し。

**民兵制度**　巴里《パリ》に市兵あり*、其数三万に下らず。其制、商家の主人を始め子弟に至る年壮の者は、必らず編して隊伍に入る。其内人物を撰《えら》み将校頭目となし、平生其《その》本業を守り、春秋両次は屯営に入り、三周日間、座作戟刺《げきし》*、以て兵備を演習す。此兵は、専《もっぱ》ら敵国来侵及び国内禍乱《からん》、盗賊起る等の時に当り、京城守衛の為に設《もうく》る所にして、絶て征伐遠役に従はしめず。蓋し其銃器装服、官より是を給するに非ず、市街の醵金《きょきん》を以て是を弁ずるなり。

**パリの牢獄**　巴里中に牢獄五所あり。*陸軍牢・未定罪牢・確定罪牢・婦人牢・密売女牢なり。陸軍牢は、最も厳なりと云《いう》。予至り見ず。未定罪牢は、一人づつ六畳程の室にあり、其内、臥榻《がとう》・倚床《いしょう》・盥器《かんき》・便器、皆具す。室外に庭あり。花木を雑栽し、逍遥散歩するに堪へたり。既定罪牢は、各種の工作場あり。各《おのおの》其職事を力《つと》む。靴底を製する者、小児玩具を造る者、鉄を鍛し、膠《にかわ》を煮、羽毛・骨角《こっかく》・紙布・糊工、皆夫々《それぞれ》の業に従へり。婦人牢も亦然り。唯其業とする所、浣濯《かんたく》・縫裁・写書・傭画の異あるのみ。密売女牢は、其税額を逃れ、及び悪疾療除の禁を犯す輩を囚する為にす。何れの牢も皆対面所あり、礼拝堂あり、書庫あり、衣物預り所あり。庫中万巻の書、皆罪人の借覧に供す。然れども其書多くは教旨懺悔《きょうしざんげ》の書なり。衣物預り所は、衣服に限らず、罪人所持の品、皆此所に預り置《おき》、出牢の日に至り還《かえ》し与ふるなり。

前二種の婦人牢、其長となり主《つかさど》るの人は皆尼官なり。日曜の日、衆罪女を礼拝堂に集め説法し、勉《つと》めて悪を去り善に就《つ》くを諭示し、平日は女工の事を教へ勉めしむ。婦人学校の教師も皆、尼官是を主り、書数・女工・読書・奏楽の事を教ゆと云へり。

**学校と病院**　学校・養病院の設け、亦極めて盛なりと聞く。予、往《ゆ》き観《みる》を約して不レ果《はたさず》、遺憾なり。

**上院議員**　歳杪毎《さいびょうごと》に議政堂の開筵*あり。帝・妃・太子は固《もと》より、諸司百官・外国公使に至る迄、皆盛粧し班*に就く。予、病に因《よ》り往き見る不レ能《あたわず》。向山黄村・三田《さんだ》葆光、帰り話す。満廷、文武其数何百員なるを不レ知《しらず》と雖ども、大抵老人のみ。白頭黄鬚《こうしゅ》ならざれば必らず皺面瘻背《しゅうめんるはい》にして、一人壮者の其間に厠《まじわ》るを不レ見《みず》。故に黄村・葆光、皆四十を踰《こ》ゆれども、猶其席に臨むを忸怩《じくじ》たりと話したり。甚《はなはだ》し矣、国に老成人無かる可からざるなり。

**ホテル**　逆旅《げきりょ》・客舎《かくしゃ》、其数幾許《いくばく》なるを不レ知《しらず》と雖ども、其盛なるはガランドホテル*に如《し》くはなし。子房七百、客千人を泊すべしと云ふ。之に次ぐ者はホテルデリーブル*なり。猶《なお》五七百を宿するに堪《たえ》たりと。是巴里《パリ》人の常に誇説する所なり。

**劇場**　劇場亦《また》十数座*あり、毎座各《おのおの》其趣を殊《こと》にす。唱歌音楽を主とするあり、舞踏踊躍を主とするあり、言語話説を巧《たくみ》にするあり、倫理の教を主とするあり。往事を演ずる者、言語・衣服、上代の故実を検し、新奇を伝《つたう》る者、尽《ことごと》く陳套《ちんとう》を排し、日新発明を旨《むね》とする類、皆各座の所長に従ひ、敢て抵触することなし。然してガランヲペラ*、各座の冠たり。工を起す十年、始《はじめ》て成る。観者一万人を容《い》る可し。旁近《ぼうきん》至盛の病院あり。*同時に工を起し同時に功を竣《しゅん》するを以て、又同時に場を開《ひらか》んとすと云ふ。其意、蓋《けだ》し娯楽を以て憂艱《ゆうかん》に先だたしめざるを示すにあり。

**死体安置所と動産公売場**　政府又検屍場《けんしじょう》*・投売場*二区の設けあり。其検屍場は、凡そ道途僵死《きょうし》並に縊溺《いでき》の者、其主名分明《ぶんみょう》ならざるは其所に就て示さず、皆移して此場に至り、以て親戚交遊の来り検するを便す。投売場は、上下二層に分ち、上層には精巧の品を陳し、下層には粗悪の品を陳す。凡そ家伙什器《かかじゅうき》、何の件に限らず投売を欲する者は、預《あらか》じめ此場に至り、主長の者に乞ひ日子《にっし》を定め、然る後、其貨を運し門に標し、某日某時、某件某品の投売あることを知《しら》しめ、其日に至り之を売る。凡そ此場に出す貨物、逐件主長立合ひ、糶上《せりあげ》して最高の価に至れば必らず売る。猶意に不レ満《みたず》して終《つい》に不レ売《うらず》と云ふを不レ許《ゆるさず》、尽く貼販《こはん》して後、若干定法の場費を出《いだ》し官に納《い》る。

**各国の特産品**　澳人巧《たくみ》に皮革を製す。故に魯《ロシア》人常に己の産を輸して之を製せしめ、米人仮歯《かし》に巧み故に各国皆之を重んずるの類《たぐい》、他の長を取り己の短を補ふ、是技術の交易なり。

**スエズ運河開削**　蘇亦斉《スエズ》の塹鑿《ざんさく》の如き、土功《どこう》の極めて盛なる者と云ふべし。汽車一日半程の陸地を塹し、地中海の水をして西紅海に注ぎ、以て上陸換船の費《ついえ》を減じ、行貨運輸に便す。実に可レ驚《おどろくべき》の大挙なり。是《これ》法国商社の挙に成る所なれども、其工役徒丁は総て荷蘭《オランダ》人を用《つか》へり。蓋し荷の国たる、土地汚下《おか》にして海面より低し。故に常に隄防を謹《つつし》み*溝瀆《こうとく》を鑿開《さっかい》することを力《つと》む。故に国民最も畚鍤《ほんそう》の業に*慣《な》る。他国の及ぶ可きに非ず。故に法《フランス》人此役《えき》、亦是を傭ひ用ひたり。

**ポーランドの悲運**　波蘭《ポーランド》の国、往時兵力頗る熾《さかん》にして、魯《ロシア》と抵抗し久しく不屈《くっせず》、魯是《これ》を悪《にく》む、年あり。輓近《ばんきん》に至り、其不レ振《ふるわざる》に乗じ、遂に是を滅せり。*但《ただし》其与国《よこく》を滅するの名を取らんことを畏《おそ》れ、澳《オーストリア》・孛《プロシア》と共に其地を分ち、魯自ら其半《なかば》を取り、澳・孛各《おのおの》又其半を分てり。然して独り魯の波《ポーランド》人を遇する、人理を以てせず、苦役・虐使至らざる所なく、且《かつ》波人をして、刀匙《とうし》*の外《ほか》身に寸鉄を佩《お》ぶるを得せしめず。於是《ここにおいて》、波の遺民深く魯帝に恨みあり。丁卯の年、*魯帝法《フランス》に来り博覧会を閲《けみ》し、法帝と共に郊外に出遊することあり。波の遺民窃《ひそか》に伺ひ之を銃す。不中《あたらず》。邏《ら》官乍《たちま》ち是を擒《きん》せり。既にして讞《げん》獄《ごく》の日流《る》に処す。

和春《カション》云、遺民敵国の帝を狙撃す、法律に於て報讐《ほうしゅう》の属とす。私怨《しえん》人を殺すの類に非ず。故に法帝、是を流《る》に処し、魯帝更に不レ疑《うたがわず》と云ふ。

**ナポレオン三世の勢威**　今の法帝、父祖の名に藉《か》り、流離卑《りゅうりひ》賤《せん》より身を起し、一旦《いったん》権謀術数を以て其国を得ると雖《いえ》ども、既に得るの後、深く逆取《ぎゃくしゅ》順守*の理を悟り、極めて力を治国に尽し勉《つと》めて衆庶《しゅうしょ》の歓心を得て、然る後止《やま》んと欲するに似たり。故に歳《とし》六旬*に過ぎ、猶《なお》年々東西巡行し、辺境遐壌《かじょう》、到らざる処なく、到れば則ち民の疾苦を問ひ、其利便を考索し、貧民の棲息に安き家屋を創意し、又痛く貴戚豪族を圧し、威福を張るを得せしめず。誕辰《たんしん》に当れば満城の祝声湧《わく》が如《ごと》く、巷街皆灯を張り、烽《ほう》を挙《あぐ》る啻《ただ》百万のみならず。男女塡咽《てんえつ》*するに至ると雖ども、此日却《かえっ》て己の誕する郷里に往き、一昼夜間自ら卒伍の中に雑《まじ》り居て、曾て富貴を不ㇾ知者《しらざる》の如くし、以て本を不忘《わすれざる》を示し、又物価騰貴《とうき》すれば后《きさき》と共に微行《びこう》し、陰《ひそか》に其縁由《えんゆう》を質するの類少からず。故に下民親附し、至る処来蘇《らいそ》*の念を為す。謂《いい》て現世帝王の最と為す、誰《たれ》か違詞あらん。

**メキシコ皇帝マクシミリアンの横死**　法帝の賢、如ㇾ此《かくのごとき》なれども、猶一事、国民不服謗《ぼう》譏《き》、新聞紙に満《みつ》るあり。是れ墨士哥《メキシコ》マキシメリヤンの挙*なり。初め墨も亦一個の合衆国にして、頭領ありて是を統率せり。其乱るるに及んでや、衆心不服、頭領ありと雖ども命を奉ずる者なし。法帝是を時として、衆に議せず独裁を以て澳の族弟マキシメリヤンを擁立し墨士哥王とし、兵を出して是を護す。墨民猶《なお》服せずと雖ども力能《あた》はざるに因り、稍《やや》将《まさ》に一に帰せんとす。偶《たまた》ま法の墨を護する兵、資用給せず引還る。是に於て墨再び乱れ、衆遂にマキシメリヤンを殺す。*法帝始《はじめ》より国人の悦《よろこ》ばざると、時又《ときにまた》孛《プロシア》の警あるとに支へられ、坐視して不ㇾ救《すくわず》、又之を弔《ちょう》せず。是を以て大に其威徳を損ぜり。聞く、マキシメリヤンの妃は白耳義《ベルギー》王の妹なり、夫の横死を悼《いた》み遂に狂するに至れりと。是、丁卯年の事なり。

**ナポレオン三世の風采**　鑾山《らんざん》公子云、予屢々《しばしば》ナポレヲンに接見するに、容貌不ㇾ揚《あがらず》、言訥々《とつとつ》口より出すに不ㇾ能《あたわざる》に似たり。遊宴舞踏の際と雖ども、唯《ただ》左手鬚《ひげ》を撚《ひね》り、右手肋《あばら》を撫《ぶ》し、黙して盤旋《ばんせん》し、間《ま》ま或は手自《てずか》ら茶を捧げ、人に呑しむるのみと。大智は愚なるが如し、其れ此の謂《い》ひか。

**パリ万国博覧会**　予の最もナポレヲンに敬服するは、唯博覧会の一挙なり。朝盟会同の局を翻《ひるがえ》し*、宇宙間の物品、新は以て知識の開くを観《み》、陳は以て攷古《こうこ》の具とし、名を悦目怡心《いしん》*に託し、遂に世界帝王を籠絡《ろうらく》し己の範囲中に納《い》れ、不知不識《しらずしらず》、巴里《パリ》輦轂《れんこく》の下に来り集らしむ。其術、豈《あに》巧ならずや。蓋し地勢欧洲の中に居て、各方便利の然らしむる所なりと雖ども、其人力之を賛する者、豈尠少《せんしょう》ならんや。

**人材育成と学問**　人の材を成し、人の識を達する、必らず学問に因らざる不ㇾ能《あたわず》。故に草莽側陋《そうもうそくろう》中より賢才を抜擢《ばってき》し、名門右族《ゆうぞく》*を不ㇾ問《とわざる》は欧洲一般の成規なれども、然れども寒貧賤野の人は、修学の資乏しきを以て常に不学無術の者多く、偶《たまた》ま小慧《しょうけい》術智の者あれども大体を不レ知《しらざる》より、或は軽佻《けいちょう》に失し、或は物望《ぶつぼう》*に叶《かな》はず、此《ここ》に於て自然門閥の風を為し、現に今、セネラール以上、乃《すなわ》ち執政大臣に至る者、士人名家の子に非《あら》ざれば必らず豪農鉅商《きょしょう》の家なり。其天稟《てんぴん》美質にして問学に道《よ》らず、才器特達にして匹夫より成立する者に至《いたり》ては、実に千万中の一にして、自《おのず》から比数に非ざるに似たり。故に王侯相《しょう》将《しょう》、寧《なん》ぞ種《しゅ》有らんや*は乱世の語にして、治世の談に非ざるなり。

# 注

## 「航西日乗」

頁

九 **壬申**　みずのえさる。五行を甲・乙のように兄(え)と弟(と)に分けた十干と十二支を組み合わせた暦年の数え方。明治五(一八七二)年が壬申の年に当たる。

一〇 **現如上人**　浄土真宗大谷派(東本願寺)の第二二代法主、大谷光瑩《こうえい》(一八五二―一九二三)。

〃 **石川舜台**　一八四二―一九三一。浄土真宗大谷派の僧侶。『耶蘇教秘密説』の著(明治八年)がある。

〃 **松本白華**　一八三八―一九二六。浄土真宗大谷派の僧侶。柳北の「航西日乗」とは別に柳北の漢文体の原稿を一部筆写した「航海録」を残している。

〃 **関信三**　一八四三―八〇。浄土真宗大谷派の僧侶。のち明治期の婦人教育・幼児教育に貢献。日本初めての公立幼稚園、東京女子師範学校附属幼稚園初代監事(園長)。

〃 **九月十二日……午前東京を発す**　柳北の一行は馬車で横浜に向かったが、当日はあたかも新橋＝横浜間に鉄道が開通した日である。『太政官日誌』第七五号によれば、午前一〇時新橋発、同一一時横浜着のお召し列車が一〇両連結で出ている。

〃 **箕作秋坪翁**　一八二六―八六。緒方洪庵に学んだ蘭学者。箕作阮甫の養子。文久元(一八六一)年の遣欧使節に福沢諭吉とともに翻訳方として随行した。

一〇 **橋屋磯兵衛**　旧幕時代、御禁制破りで捕えられた横浜本町の遠州屋嘉兵衛(後の実業家高島嘉兵衛で、易学の大家高島呑象)を旧恩に感じて助けたといわれる。店は神奈川にあったらしい。

〃 **ゴタベリイ**　フランス郵船の極東航路マルセイユ＝上海間には、慶応二(一八六六)年から香港＝横浜間に支線が設けられて、小型船が就航していた(『フランス郵船七十五年史』)。

一一 **姉小路公義**　鎌倉初期から続く公家姉小路家の第二〇代。幕末期、三条実美と並ぶ過激尊皇攘夷派として知られた公知の養子。

〃 **河野敏鎌……井上毅の八君**　河野敏鎌(一八四四―九五)、岸良兼養(一八三七―八三)、鶴田皓(一八三五―八八)、川路利良(一八三四―七九)、名村泰蔵(一八四〇―一九〇七)、沼間守一(一八四三―九〇)、益田克徳(一八五〇―一九〇三)、井上毅(一八四四―九五)の八人は、明治五年末にロンドンからパリに廻ってくる岩倉使節団に合流する司法省調査団の一行。はじめ司法卿江藤新平が率いるはずだったが、多忙のため不参加。

〃 **名東県**　現在の徳島県と兵庫県淡路島を合わせた区域。

一二 **平果**　りんご。中国語では苹果《ピンクォー》。

〃 **海門岳**　薩摩半島南東端にある開聞岳。薩摩富士と呼ばれる。

〃 **頼翁天草の篇**　「雲か山か呉か越か」の起句でしられる頼山陽の詩「泊天草洋」は「太白(宵の明星)舟に当たつて、明、月に似たり」と結んでいる。

一三 **陽侯**　晋の陽陵国侯が溺死して海神となり、風波を起こして舟を覆すといわれた。

一四 **三径**　隠者などの庭園。ここでは自宅の庭。

一五　**携来什物貴客自理**　お荷物にお気をつけ下さい。

〃　**咸豊・同治**　清の年号。咸豊は一八五一から六一年、同治は一八六二から七四年。

一六　**香港盗賊多きを懼れ**　現如上人の会計係として旅費一万三〇〇〇両を預った柳北は、盗難を恐れてか、マルセイユに着くまでホテルに泊まっていない。

〃　**太平山水月宮**　香港公園の上環太平山街にある水月観音堂。

〃　**英華書院**　イギリス宣教師モリソン(Robert Morrison 中国名、馬礼遜)が一八一八年に創立した男子校で九竜地区に現存。活版印刷所を併設して、『英華字典』『新約聖書』などを出版。

一七　**正本……連下なり**　当日の出し物が、「正本」(オリジナル・テクスト)に基づく「忠孝烈」(忠臣孝子の功績を称えたもの。「烈」は功績)の「齣頭」(一こま目)に当たる「狐鬼相闘」の場で、「成套」(セットもの)の「連下」(続き)である、との意(若き日、中国の劇団で座付き作者を務めた経歴の持ち主で大妻女子大学比較文化学部の同僚、銭国紅氏の示教による)。

〃　**白焓石斑魚**　石斑魚(ハタ)の香草炒め。細切りにした魚肉を強火でさっと湯がいて、刻んだキクラゲほか香草・ショウガ・ニンニクなどと一緒に手早く炒め、片栗粉でとろみをつける。

〃　**糯米酒**　老酒。

〃　**メーコン号**　本文一〇頁「ゴタベリイ」注参照。

〃　**氷糕**　「糕」は本来、米粉を蒸したもの。フランス郵船の当時の一等客メニューには、夕食のデザートは「冷凍チーズとシャーベット」(fromage glacé et sorbet)とある。

〃　**昌黎**　中唐を代表する文人士大夫韓愈は河北省昌黎の出身と自称したので、この名がある。

韓愈が広東省潮州(現在の台山市内、香港の西方)の刺史に左遷された折、その地の悪渓にあって人畜に害をなす鱷魚を「鱷魚の文」を書いて駆逐した故事による。

一八 **一螺の青** 「螺」は左巻きの渦の形をした貝殻で、髪の形に似ていることから、前行「一髪の山」に同じ。

二〇 **瀾滄江** 遠く中国中央部に源を発し、ラオスに入ってからはメコン川となる。

〃 **柬埔寨川** 渋沢栄一の『航西日記』には「午時瀾滄江……に至る。夕四時頃柬埔寨河口へ入て上流へ遡る」とある。

〃 **近年仏国の所領となれり** フランス植民地コーチシナの成立は一八六五年。

〃 **九十四度** 摂氏に換算すれば三四度強。

二一 **交趾焼** 交趾(現在のベトナム北部トンキン・ハノイ地方)通いの貿易船によってもたらされたとして珍重された陶器。明・清時代の中国で作られたものという。

〃 **白切蚧** ハマグリのエビソース和えか(蚧は蚧蛤)。「白切肉」の場合は、肉の塊を水から強火で煮立て、笊《ざる》に取って湯をかけて重しをし、一時間ほどとろ火で煮る。薄切りにして皿に盛り、エビソースをかけて出来上がり。「白切」料理には、ほかに鶏肉・羊肉・豚モツなどを使ったものがある。大妻女子大学家政学部下村道子教授のご教示によれば、茹でた蛤に中国式の香辛料を用いたであろうとのことである。

三 **両蟒** 「蟒」はうわばみ。マラッカ岬とスマトラ島が向かい合って横たわる姿を二匹の大蛇になぞらえた。

二三　**袒して跣す**　肌脱ぎになって、裸足。

〃　**閩広の人移住する者多しと云ふ**　「閩広」は福建省と広東省。本文二五ページに清国斌椿の『乗槎筆記』を「同行人に借て読む」とあるから、その同行人から「この地で貿易する者五六万人有り」と聞いたのであろう。

二四　**眼看手勿動識理者諒知**　見るだけで、お手を触れないで下さい、ご賢察のほど。

二五　**アナナ**　フランス語ananasで、パイナップルのこと。

〃　**『乗槎筆記』**　「乗槎」は、「槎《いかだ》」に乗ることから、航海の意。清国人斌椿による航海記。「航海録」によれば、松本白華は同書とともに青淵(渋沢栄一)著『航西日記』もあわせ読んでいる。前条「同行人」は松本白華だろう。

〃　**東道**　主人として客を案内し接待すること。またはその人を「東道主」という。『春秋左氏伝』の言葉。

〃　**十二時**　フランス郵船では、毎日正午に現在の船の位置と前日からの航行距離が張り出されたようで、これが変化に乏しい船旅で何よりの慰めであったという。

二七　**ポイントデガウル**　ゴール岬(Pointe de Galle)。イギリス船の寄港地がコロンボであったのに対して、フランス郵船はスリランカ南部のゴールに寄った。

〃　**澣衣**　「澣」は、洗う、濯ぐ。浣衣。

〃　**土宜**　その土地の産物。土産。

二八　**ボウガハアの寺**　島の中央部にある世界遺産ポロンナルワ(Polonnaruwa)の仏教遺跡。

三〇 **コイツ**　quoits で、桝目に点数を記した盤上に円盤を投げて点数を競う遊戯。

三一 **断巌千尺**　投錨地の前には九七〇フィート、背後には一六〇〇—一七〇〇フィートの峰が立ちはだかっていた。

〃 **坡翁**　北宋の文人蘇軾《そしょく》(東坡)が、赤壁(古代の戦場とは別)に舟を浮かべて月を賞した際の「前赤壁賦」に「少焉月出於東山之上　徘徊於斗牛之間」とある。なお柳北には、「赤壁賦」をもじって明治八(一八七五)年の讒謗律を揶揄した「辟易之賦」がある。

三三 **洋史に云ふ**　『旧約聖書』「出エジプト記」の記述。

三四 **闔船**　船じゅう。

三五 **新航渠**　一八六九(明治二)年に開通したスエズ運河。「渠」は溝。

三六 **二十弓或は三十弓**　「弓」は古代中国の土地を測量する単位。一弓は六尺(五尺という説も)。一八七〇年現在で底幅二二〇メートル、堤防間五四ないし一〇〇メートル。

〃 **八十七里**　八七浬は約一六二キロ。

〃 **苦湖**　大小のビター湖。「湖名ミッツル」とあるのは、大湖の手前の小湖(Little Bitter Lake)を指すか。

〃 **禹**　尭・舜二帝に仕え、夏の世を開いた中国古代の王。治水事業に功があり、尊んで「神禹」と呼ぶ。

三七 **テムザ**　運河中間に位置するチムサ(Timsah)湖。その北西がイスマイリア。

〃 **メンザレ**　メンザラ(Menzala)湖。当時、運河はポート・サイドの手前数十キロにわたって小島の点在する湖水の中を走っていた。

三九　**カンディア島**　クレタ島のアラビア名。

四〇　**右にはエルバ島を望み**　通常ポート・サイドを出たフランス郵船は、イタリア半島とシチリア島の間のメッシナ海峡、次いでコルシカ島とサルディニア島の間のボニファチョ海峡を抜けて一路マルセイユへ直行するのだが、この船はコルシカ島を右回りに迂回してマルセイユを目指したようである。

四一　**グランドホテル**　広壮な建物で、正面玄関は南向き、客室二〇〇。一八九七年のベデカー『フランス南東部』に Grand-Hôtel du Louvre et de la Paix, 3, rue Noailles とある。旧港奥の目抜き通りカヌビリエールを上って行き、le Cours を越えて左側の一郭。正面にカリアチードを飾った建物が今は量販店になっているが、二階部分の壁にホテル名を刻んだレリーフを読み取ることができる。

四二　**諸子と公園に遊ぶ**　当市出身の建築家エスペランディウ（Espérandieu）が一八六九年に建てた Musée de Longchamps. 旧港からカヌビリエール通りを東に上り、Bd. Longchamps の突き当たり。背後の植栽豊かな庭園の続きに当時は動物園があった。イオニア風の柱廊をはさんで、右翼は博物館、左翼は美術館。

〃　**囿中**　「囿」は垣根のある園。動物園。

〃　**ブラドー博物館**　マルセイユ旧港を海岸線に沿って南下したプラド通り（Avenue du Prado）にあった博物館。所蔵品は他に移され建物だけがボレリ公園（Parc Borély）内に残っている。

四四　**カプシンヌ街のグランドホテル**　一八七二年版『パリ・ディアマン』はパリ遊覧地区の筆頭にキャピュシーヌ大通り(Boulevard des Capucines)を挙げ、グランドホテル(le Grand Hôtel de la Paix)は大食堂、読書室、内外新聞閲覧室、会議室、玉突き、浴室、カフェ、郵便受け、電信局の備えがあるほか、八フランの定食(ぶどう酒付き)や、夜半過ぎまで無料で客を宿泊階まで上げる装置があると紹介している。また同案内書裏には新装開店広告があり、客室七〇〇、宿泊料は一泊五フランからで、夜の定食五フランとなっている(挿図一九一ページ)。

〃　**秦楚の滕薛に於けるが如し**　秦・楚はともに春秋戦国時代の大国。滕・薛は小国。

四五　**弁務使**　明治三(一八七〇)年から五年まで置かれた公使相当の外交官。大中少の三等があった。「鮫島君」は、鮫島尚信(一八四五—八〇)。明治三年少弁務使としてパリに着任。明治五年一〇月に弁理公使。帰国後、明治一一年、公使として再び渡仏したが、在任中に病没。弁務使館(公使館)は凱旋門からモンソー公園に向かうアヴニュ・ド・ラ・レーヌ・オルタンス(現在のアヴニュ・オッシュ)の北側二六番地にあった。

〃　**長田銈太郎**　一八四九—八九。直参旗本の長男で横浜仏語伝習所でフランス語と洋式兵学を修めた。慶応二(一八六六)年フランス軍艦に便乗して留学。維新後、明治三(一八七〇)年渡仏、パリ弁務使館に勤務していた。柳北の養子謙吉の実兄。デュマ・フィス『椿姫』の翻訳で知られた長田秋濤はその長男。

〃　**栗本貞二郎**　貞次郎(一八三九—八一)。栗本鋤雲の養子で横浜仏語伝習所の得業式生徒総代。慶応三(一八六七)年、幕府の伝習生を率い、パリ万国博に将軍の名代として派遣された徳川昭武に従って渡仏。明治三年に再度渡仏、岩倉使節団の通訳を務めた。

〃 **白韋街**　ラ・ペイ街(rue de la Paix)。オペラ座広場から南西に延び、ヴァン・ドーム広場の塔が見える。

〃 **陶公**　春秋時代、越の家臣范蠡《はんれい》。後、商人となり陶朱公と称した。西晋の貴族石崇とともに富豪として知られた。

四六 **秦越**　春秋時代の二国。秦は西北、越は東南に位置し互いに遠かった。疎遠な者同士。

〃 **謫仙**　天上界から人間界に流された仙人。酒を好んだ盛唐の詩人李白のこと。

〃 **夜光の盃**　王翰『涼州詞』の中の一首「葡萄美酒夜光杯／欲飲琵琶馬上催／睡臥沙場君莫笑／古来征戦幾人回」を踏まえたもの。

〃 **ホテルドロールビロン**　オペラ座から続くイタリアン大通りを左に入ったラフィット街のバイロン卿ホテル(Hôtel du Lord Byron, 20, rue Laffitte)。

〃 **河津祐之**　一八四九―九四。幕府の外国方翻訳係を経てフランス留学。帰国後、元老院書記官のかたわら、ミニエ『仏国革命史』を翻訳。横浜鎖港を求める文久三(一八六三)年の遣欧州使節団の副使河津祐邦の娘婿。

〃 **極めて下等の食店**　二月八日に出てくる「ジパル楼」か。一フラン五〇で「簡素にして健全な食事」を売り出したデュヴァル創業の大衆食堂(Bouillon Duval)が市内各所に店を出しており、近くではイタリアン大通り二七番地、「ブウセイの裁縫店」の隣りにあった(挿図一九一ページ)。

四七 **ブウセイの裁縫店**　イタリアン大通り二九番地にあったブーシェ(Bouché)の店。慶応三(一八六七)年の万国博に派遣された徳川昭武以来、日本人客を一手に引き受けていたらしく、当時もなお葵の紋所の看板を出していた。

四七　**市中の浴室**　市内各所に四〇サンチームから一フラン(タオル代別)の浴場があった。グランドホテル向かい側の一三番地「中国浴場」(Les Bains Chinois)あたりか。

〃　**博物園**　左岸第五区にある植物園(Jardin des Plantes)。ヴェルサイユ宮殿から移した動物園(ménagerie)が今もある。

〃　**安藤太郎**　一八四六―一九二四。旧幕臣で箱館戦争を戦い、維新後は明治四(一八七一)年岩倉使節団に随行した外交官。漢学を安井息軒、蘭学を坪井芳州、英学を箕作秋坪に学んだといわれるから、柳北の英学仲間であろう。箱館戦争の縁故榎本武揚逓信相から送られた酒樽を夫人に割られたのを機に禁酒、晩年はキリスト教の宣教と禁酒運動に専念。

四八　**島地黙雷**　一八三八―一九一一。浄土真宗本願寺派(西本願寺)僧侶。明治五(一八七二)年、ヨーロッパ宗教事情を視察のため西本願寺から派遣され渡欧していた。著書に『航西日策』がある。

〃　**坂田乾一**　生没年不詳。中江兆民がリヨンで知り合った私費留学生で、前後不詳だが福田姓も名乗った。島地黙雷の依頼で『耶蘇伝』(ルナン原著?)を訳したと伝えられる。

〃　**ボアドブロン**　右岸西部郊外のブーローニュの森(Bois de Boulogne)。

〃　**ザングレイ楼**　イタリアン大通りの南側、マリヴォー街の角にあったカフェ・アングレー(Café Anglais)。夜はボルドー風のザリガニ料理と各種の酒が売り物の高級レストランに変貌し、特に二階の個室が女性同伴の客に人気があった。大阪で闘病中の中江兆民も同店で味

（上）グランドホテル
（下）デュヴァル軒

わったスープを回想している(『一年有半』)。

四八 **安暮阿須街** rue d'Amboise. イタリアン大通りの南側、オペラ・コミック座のあるファヴァール街を東に入った横丁。

〃 **鴻爪泥のみ** おおとりが飛び立つ時、雪や泥の上に爪痕を残してもすぐに消えてしまう。旅先で行ったことは跡が残らない。

〃 **パノラマ** シャンゼリゼー中ほどの円形広場(Rond-Point)東側にあった。久米邦武『米欧回覧実記』に、普仏戦争中のパリ攻防戦を活写した記述がある。現在のロン・ポワン劇場は凱旋門側を向いているが、裏手(パリ中心部側)に廻ると破風に「PANORAMA」と大書した当時の入口が残っている(挿図一九四ページ)。

四九 **ワランチノの歌舞場** サン・トノレ通りにあったヴァランチノ舞踏場(Bal Valentino, rue Saint-Honoré, 251)。新聞の演劇欄に深夜一一時半開場とある(挿図一九五ページ)。

〃 **私窩子** 私娼。客を待って一本足で立っている姿から鶴(grue)の異名がある。アルフレッド・デルヴォーの『パリの楽しみ』(Delvau, *les Plaisirs de Paris*)によれば、楽団の演奏が耳を聾する中で大勢の娼婦(grues)が遊客(cocodès)を漁っていたという。

〃 **ガアル、サンブザア** モネの絵で有名な第八区サン・ラザール駅(Gare Saint-Lazare)。ヴェルサイユ行きのセーヌ右岸線などが現在も発着している(挿図一九四ページ)。

五〇 **ブールバール、ドレエン街** 一行は宮殿右奥のトリアノン宮から正門に戻らず、直接トリアノン大通り経由、レーヌ(王妃)大通り(Boulevard de la Reine)へ出て、セーヌ右岸線へ向かったものと思われる。

〃 **羅馬の古銀貨**　福沢諭吉は『福翁百話』(六十九)で攘夷論が盛んだった幕末、柳北が古銭の蒐集をきっかけに「遂に儒学の旧を脱して文明の主義に移り、当時西洋流の率先者として世に知られ」るに至り、漢訳の万国公法一部を初めて輸入したと述べている。

五一 **プレスボルク街の旅館に着せらる**　凱旋門のあるエトワル広場(現在はシャルル・ドゴール広場)を取り巻く円形のプレスブール街(10, rue Presbourg. シャンゼリゼーから見て左前方、フォッシュ大通りとヴィクトル・ユゴー大通りの間)で、普仏戦争で損傷したトルコ公使館を修復した建物(現存)。一九九ページの挿図の凱旋門のアーチの間から見える。この日、岩倉使節団は朝七時過ぎにロンドンの宿舎を出発し、ドーヴァー、カレー経由、夕六時にはパリに到着して夜のパリ市街を馬車で走っている(『米欧回覧実記』)。

〃 **王宮の門前にて**　植物園からの帰途、乗合馬車でルーヴルの前を通ったものとすると、柳北らは、クリシー＝植物園間のG路線(薄茶の車体、緑の角灯)を利用して、サン・ジェルマン大通り、シャトレ経由で帰ってきたものと思われる。

〃 **寿太夫**　松本寿太夫(一八三一-?)。慶応三(一八六七)年一月、軍艦購入のため勘定吟味役小野友五郎とともにアメリカに派遣された開成所頭取並。この時、福沢諭吉も小野に随従して渡米したが、在米中の幕府批判のかどで帰国後謹慎を命ぜられている(『福翁自伝』)。

〃 **シアノアン氏**　シャルル・シャノワーヌ(Charles Chanoine, 1835-1915)。慶応元(一八六五)年、幕府からフランスへ派遣された使節団の正使柴田剛中の要請によりフランスからきた軍

(上) パノラマ
(下) サン・ラザール駅

舞踏場の女性

事顧問団の団長で、後、陸軍大臣。イタリアン大通り南側の「サンマルコ街」に住んでいたことが一一五ページの記述によって知られる。慶応元年以来、横浜で兵営築造掛・騎兵頭並を兼任していた柳北は、シャノワーヌが来日した同三年には騎兵頭に昇進している。

五一 **大使の館** 乗合馬車ならば、シャンゼリゼーを通るヌイー＝ルーヴル間のC路線(黄色の車体、赤の角灯)。

五二 **長田子を訪ひ** モンソー公園に近い公使館とすれば、イタリアン大通りからマドレーヌ広場、サン・トノレ街を経てテルヌ広場に至るフィーユ・デュ・カルヴェール＝テルヌ間のD路線(黄色の車体、赤の角灯)を利用したか。

〃 **コルネル街第五号の逆旅** 第五区オデオン座脇コルネイユ街(5, rue Corneille)にあった(一九九ページの挿図「オデオン座」の左脇を入る)同名のホテルで、西園寺公望も寄宿し「法学生、医学生の巣窟」だったという。ちなみに当時の日本人在留者の住所を調べると、オデオン座界隈に集中している。往復にはイタリアン大通りから、ルーヴル、サン・シュルピス広場を経由するクリシー＝オデオン座間のH路線(黄色の車体、赤の角灯)を利用したか。

〃 **カイ楼** 不詳だが、栗本はグランドホテルに程近いペイ街(本文四五ページ注「白韋街」参照)に住んでいたから、ことによるとホテル一階のペイ楼(Café de la Paix)か。

五三 **寓楼の近傍火有り……救ふと云ふ** 同行の松本白華の「航海録」によれば、応援に駆けつけたのではなくて、見物中に高いところから落ちて、警官の世話になったらしい。

〃 **リュキセンビュルクの花園** コルネイユ街にあったホテル(建物は現存)を出ると左手奥にリ

ユクサンブール公園(Jardin du Luxembourg)が見える(挿図一九八ページ)。

〃 **近傍の浴室**　オデオン座からサン・ミシェル大通りに抜けるラシーヌ街五番地(5, rue Racine)にあったラシーヌ浴場だろう。

五四 **ホテルドカプシンヌ**　キャピュシーヌ大通り三七番地(37, boulevard des Capucines)。

〃 **サンゼルマン**　パリの西四五キロほどのサン・ジェルマン・アン・レイ(Saint-Germain-en-Laye)。

〃 **高丘の上に城有り**　フランソワ一世時代の古城で、パリの騒乱を嫌ったルイ一四世はここからヴェルサイユに移り住んだ。

〃 **城外高崖に臨み酒楼あり**　現在も営業する高級ホテルアンリ四世亭(Pavillon Henri IV)のレストラン。高台の長いテラスからセーヌ河を隔ててパリを遠望できる(挿図一九八ページ)。

五五 **モンバリヤンの砲台**　サン・ジェルマンとパリ市街の中間にあるモン・ヴァレリアン(Mont Valérien)の丘にある要塞。

五六 **アルクドトリヨンプ**　エトワル(シャルル・ドゴール)広場の中央に建つ凱旋門(Arc de Triomphe)で、一八〇六年に起工、完成は一八三六年(挿図一九九ページ)。

〃 **墨江**　隅田川。柳北の自宅松菊荘は、東京十一大区一小区須崎村七十六番地(現在の墨田区東向島)にあった。

〃 **竹枝**　男女間の愛情や土地の風俗などを題材にした唐代の歌。ここでは江戸以来の都々逸の類だろう。

（上）リュクサンブール公園
（下）アンリ 4 世亭

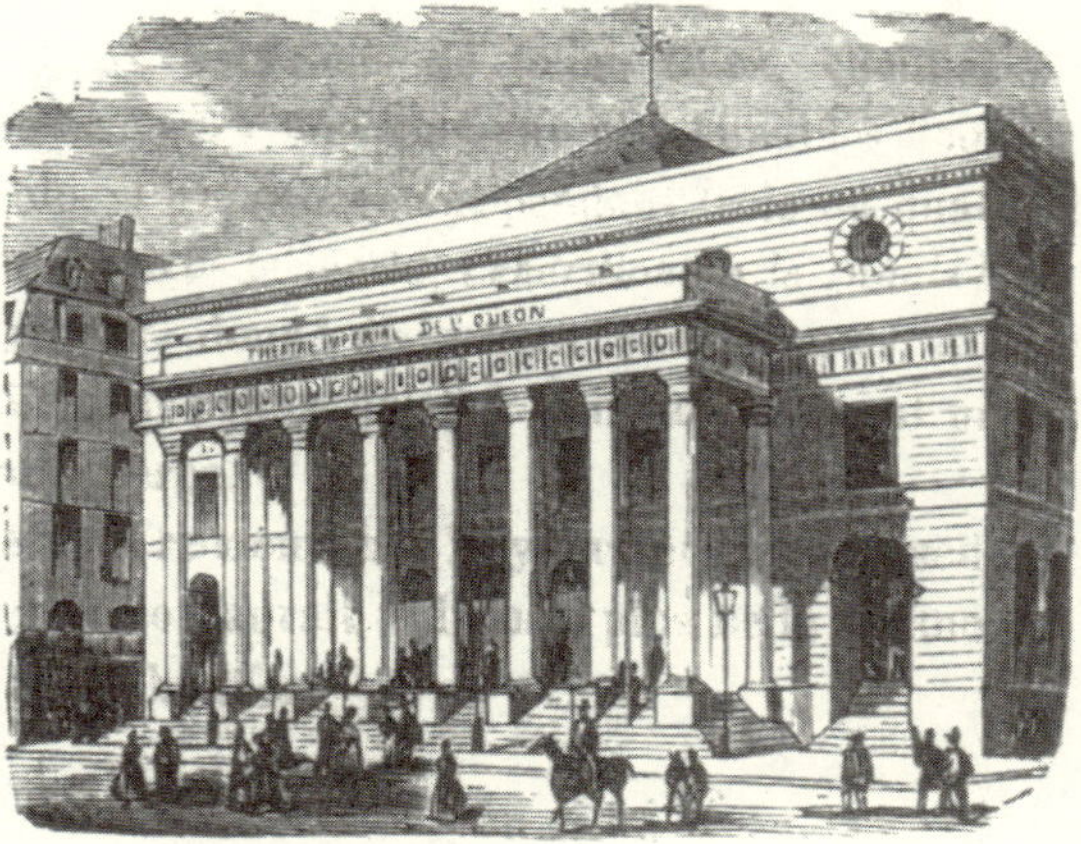


（上）エトワル広場と凱旋門
（下）オデオン座

五七 **米蘭氏**　シャルル・ビュラン(Charles Buland, 1837-71)。「シアノアン氏」とともにフランス軍事顧問として来日。カションとともに横浜仏語伝習所でフランス語を教えた。不在だったのは二年前に死去していたため。

〃 **クリュニー博物館**　ローマの浴場遺跡近くに一五世紀末に建てられたクリュニー修道院の建物が国立中世博物館になっている。

〃 **アンブロジュリアンの居りし宮**　「アンブロジュリアン」はEmpereur Julien(皇帝ユリアヌス)であろう。異教を信奉・保護して「背教者ユリアヌス」と呼ばれたFlavius Claudius Julianus(三三一-六三、皇帝在位三六一-六三)は、コンスタンティヌス大帝の甥で、ガリアの総督となり、四世紀末にこの「宮」を建てたといわれる。「宮」はクリュニー博物館と接し、サン・ジェルマン大通りとの角、サン・ミシェル大通り側の鉄柵内に公衆浴場跡がある。

〃 **羅馬の法皇中……住みし人**　クリュニー会修道士から法王になったウルバヌス二世(一〇四二-九九)で、第一回十字軍の提唱者。

〃 **羅馬時代の冠冕**　二階金銀細工室正面の金に宝石類をちりばめたヴィジゴート時代の王冠(七世紀スペイン製)、古代ギリシアのおはじき大のスタテール金貨、同室入口に飾られた一四、五世紀の金属製の小櫃などをいうか。

五八 **ロテーオンの劇場**　国立オデオン劇場(挿図一九九ページ)。この日柳北が見たのは高踏派詩人の総帥ルコント・ド・リールがアイスキュロスの三部作『アガメムノン』ほかを翻案した「復讐の女神たち」(Leconte de Lisle, *Les Erinnyes*)。トロイを征服したアガメムノンが帰国すると、妻クリュタイムネストラはアイギストスとの不義が露見するのを恐れ、神殿で祈る夫を殺害する。これを知ったオレステースが父の仇討ちに二人を殺害すると、自らもまた母殺しの罪で復讐の女神エリヌエスに追われて死ぬという粗筋。ただし、パリ人士の趣向に投ずるよう、凄惨な殺害シーンを設けて原作を脚色している。クリュタイムネストラ役のマリー・ローランの演技がすばらしい(『プティ・ジュルナル』紙、一八七三年一月九日)。

〃 **路尼氏**　知日家レオン・ド・ロニー(Léon de Rosny, 1837-1914)。一八六八年、パリ東洋語学校内に開設された日本語科の初代教授で、フランス東洋学の草分け。文久二(一八六二)年の遣欧使節団に加わった福沢諭吉はフランス側の通訳兼接伴委員として遣わされたロニーに会っているが、フランスを離れた使節団をペテルスブルグまで追ってくる好奇心旺盛なフランス青年を愛でて「欧羅巴の一奇士」と呼んでいる(『西航記』)。

〃 **コントゥエルニスコント銀行**　第九区ベルジェール街一四番地にあった国立割引銀行コントゥアール・デスコント(Comptoir national d'Escompte)。東洋にも上海、香港などのほか横浜にも支店があった。

〃 **クーレイ氏**　Coullet で、フランスの投資家代表として慶応二(一八六六)年来日、フランスの会社との合弁会社設立のための契約を幕府と結んだといわれる。

五九 **拿破侖第一世帝の廟**　エッフェル塔東隣りの廃兵院の中にある。ナポレオン廟の床は、黄色の大理石が円形や三角形の幾何学模様を描いている。棺を納めているのはロシア皇帝から贈られたフィンランドの赤花崗岩の巨大な塊で、緑大理石の台座の上に乗せられている。

五九 **驪山**　唐の都長安に近い驪山には温泉があって温泉宮が作られていた。
〃 **老兵院**　廃兵院(Hôtel des Invalides)。
〃 **各国の旗幟数百**　「数百」は大げさで、教会堂の左右の壁に各列十数の旗が飾られており、中に「蘇」「張」などと記した中国の旗らしいものが見受けられる。
〃 **厨下に往きて視るに**　院内背後の廃兵を収容する施設の厨房は今日では設備が近代化されて、柳北が見たという大釜の類はすでにない。
六〇 **支那字有る者**　正門を入ってすぐ右手にあり、「道光二十一年四月江西省鋳像」の銘がある。
〃 **毛利家の記章を鋳附けし者**　同じく右手二番目の短めの砲で、彫りが薄いため非常に読みにくいが、「十八…」のあと毛利家の紋章が刻まれ、さらに「嘉永七歳次甲寅季書　於江都葛飾別(墅?)鋳之」と辛うじて読める。「下関の役」は文久三(一八六三)年から元治元(一八六四)年、長州藩と英仏米蘭の四国艦隊との間で交わされた砲撃戦。
〃 **エンテレポット**　Entrepôt des Vins. セーヌ河のサン・ベルナール河岸にあった広大な葡萄酒貯蔵倉。旧パリ大学理学部、現第六・七大学。一九世紀初頭に葡萄酒類の入市税を一本化するために建てられた五棟の大建築群からなり、アルコール度を計る巨大な装置があった。
〃 **貯水場**　当時パリ名所の一つと謳われたパリ東北部の台地メニルモンタン(Ménilmontant)の貯水池。二層からなり、上層はデュイス川の泉水、下層はマルヌ川の水を取り入れたもの(挿図二〇三ページ)。
〃 **一大公園**　パリ西部のブーローニュの森が主に有産階級が散策したりドライブする公園だっ

(上) 工事中のメニルモンタン貯水池(下層)
(下) ビュット・ショーモン公園

たのに対して、ナポレオン三世が東部の労働者が日頃の不満を発散し、家族連れで憩える場として造成したビュット・ショーモン公園(Buttes Chaumont)。久米邦武はこの政策を「傭工細民のために勧奨救助を与へたる功徳」として絶賛している(『米欧回覧実記』)。

六〇 **窟有り、洞有り**　断崖から落ちた水が巨大な洞窟に流れ込んで、湖水をうるおす仕組みになっていた。

〃 **水門**　サン・マルタン運河(Canal de l'Ourcq)とセーヌ河を結ぶ。

六一 **レキサンビルグの礦物館**　リュクサンブール公園に隣接する鉱山学校の鉱物・地質学博物館。

〃 **書肆**　松本白華の「航海録」によれば、左岸ヴォルテール河岸一五番地の書店などで、主に各種会話書、対訳辞書、インド関係書、特にルナンの『イエス伝』などを買ったらしい。

〃 **カシヨン氏**　駐日公使レオン・ロッシュの通訳などを務めたメルメ・ド・カション(Merumet de Cachon)。日本名「和春」。

六三 **金像**　シテ島と両岸とを結ぶポン・ヌフ橋中央西側張出しにあるアンリ四世騎馬像であろう(挿図二〇七ページ)。モネ、ルノワール、ピサロらの絵をよく見ると必ず描かれている。

〃 **ゲーテイの劇場**　第三区、工芸博物館西隣りのパパン街(rue Papin)にあったゲーテ座(Théâtre de la Gaîté Lyrique)。第二帝政時代に全盛を誇ったが、一八七二年にオッフェンバックが支配人に就任してからはオペレッタの殿堂となった。一八九〇年前後に経営不振から大部分取り壊された。

〃 **三貧士金鶏卵を獲て**　当日の出し物は、「金の卵を産む鶏」(La Poule aux Œufs d'Or)。三人の登場人物が、これを割ればどんな法外な願いも叶うという魔法の卵を奪い合って勝手な願をかけるが、金鶏卵は時に願と正反対の結果をもたらすことがあり、敵を陥れようと願ったのに、この世ならぬ妙音に包まれた「諧調」(harmonie)の島へ導かれる。島の中には壮麗な宮殿、ヴェネチア風のマスト、港の埠頭には奇妙な形の船が見えるが、それらはよく見ると、皆巨大なパイプオルガン、クラリネット、コントラバスなどの楽器で、そよ風に乗って妙なる調べが聞こえてきた。しばらくすると、不思議の国の軍隊の行進が始まり、フルート隊の兵士、ギター隊の女兵士、管楽器、大太鼓、ティンパニ隊……と続き、行列の最後に諧調の象徴たる竪琴に扮した国王夫妻が登場して幕となった(『プティ・ジュルナル』紙、一八七三年一月二日)。同劇場ではほかに、かつてブルヴァール劇場で当たりをとったメンケン嬢主演の「サバンナの海賊」(les Pirates de la Savane)が当たりをとっており、この美人が全裸同然で暴れ馬につながれて場内を疾走する場面はたった二分ながら、その二分のために客は集まる。落馬したことも人気に一役買っているが、もう二、三度落馬すれば大入り間違いなし、といわれている(デルヴォー『パリの楽しみ』)。

六三　**荊婦**　荊妻。自分の妻の謙称。

六四　**セルセイミチ**　第六区シェルシュ・ミディ街(rue du Cherche-Midi)とラスパイユ大通りの角には、軍事法廷および軍事監獄があった。

〃　**サンシルピスの寺**　オデオン座から程近い第六区のサン・シュルピス(Saint-Sulpice)寺院。

〃　**路易十六世の霊を祭る**　ルイ一六世は一七九三年一月二一日、コンコルド広場に据えられた断頭台で刑死した。

六四 **天文台** 第一四区、リュクサンブール公園の背後、オプセルヴァトワール通りの南端にある。

六五 **裁判所** シテ島の西側にある。

〃 **一大寺あり** 裁判所内のサント・シャペル(Sainte-Chapelle)。

〃 **其の壁間皆人を刑戮するの状を描く** 同所二階の「甚だ荘麗」なステンドグラスの下に並ぶメダイヨン(円形額縁)には、聖人たちが、剣、棒、殴打など、様々な手段で殉教する図が描かれている。「中に奇怪の刑有り」というのは、入口左側手前の車裂きの図と思われる。

〃 **牢獄** 天文台とはアラゴ大通りを隔てて南東の向かい。サンテ街に新設された新マドロネット監獄(Nouvelle Prison des Madelonettes)。通称サンテ監獄。久米邦武は『米欧回覧実記』で、岩倉一行が裁判所のあと見学したサンテ監獄と混同して、裁判所脇のコンシェルジュリー監獄の挿絵を入れている。大正一二(一九二三)年、大杉栄がパリ近郊サン・ドニのメーデーで演説を行ったかどで投獄されたことがある(挿図二〇七ページ)。

六七 **東洋書林** 左岸ヴォルテール河岸一五番地の書店か。

六九 **邯鄲** 趙の都邯鄲で、少年盧生が道士呂翁の枕を借りて仮寝して、富貴栄華の夢を見た故事。

七〇 **窟門は天文台の側らに在り** 当時は三か所ほどあったようだが、柳北が入ったのはおそらく現在と同じダンフェール・ロシュロー広場二番地の旧市門脇と思われる。

〃 **一千八百年比** ローマ時代以来の採石場跡に市内各所の墓地から集められた遺骨を納めることにしたのは一七八五年。

(上) アンリ4世騎馬像
(下) サンテ監獄

七二 **大倉喜八郎**　一八三七–一九二八。戊辰戦争以後、軍の御用商人として産をなした。大倉財閥の祖。

〃 **伊太利街に在る手技の観場**　イタリアン大通り八番地にロベール・ウダンが開いたクレヴェルマン劇場(Théâtre Clevermann, 8, boulevard des Italiens. Spectacle de prêstigitation, physique amusante)。自動人形や仕掛け物を使った手品、奇術を行い、呼び物の「汲めども尽きぬ酒瓶」(bouteille inépuisable)の終演間際には、観客全員に各種リキュールを振る舞ったという(デルヴォー『パリの楽しみ』)。

七三 **器械展観場**　第三区レオミュール街にある工芸博物館(Musée des arts et métiers)。

〃 **一館有り**　ノトルダムパリ大聖堂の横手にあり、パリ警視庁管内のあらゆる種類の変死者を収容し、身元を確認するための死体公示所。溺死者が多かったが、自殺者、殺人・事故などの被害者、嬰児・胎児の遺棄されたものもあった。

七三 **ジパル楼**　本文四六ページ「極めて下等の食店」注参照。

〃 **カルバルの曲馬場**　外環道東側のフィーユ・デュ・カルヴェール大通りに現存するシルク・ナポレオン(Cirque Napoléon, Bd. des Filles-du-Calvaire)で、冬場だけの開場。「真のフランス演劇。肩が凝らない。馬がいななき、美少女が次々に登場。いつも満員。よく訓練された雌馬に跨った Match 嬢ならば当然」(デルヴォー『パリの楽しみ』)。

〃 **項王**　漢の高祖劉邦と覇権を争って敗れ自害した楚王項羽。「騅」は、項羽の愛した駿馬。「虞」は、項羽の愛妾。虞美人。

〃 **パレイロヤル**　第一区、ルーヴル宮の北にあるパレ・ロワイアル(Palais Royal)。もとリシユリュー枢機卿の邸宅だったものを、革命前夜、時の所有者フィリップ・ドルレアン(Philippe d'Orléans)が再建して店舗、劇場、カフェなどに貸し出し、庭園を整備して、パリの名所にした。革命前日の一七八九年七月一三日、カミーユ・デムーランが演説したのも、この庭園であった(挿図二一一ページ)。

七四 **サンミセル**　第五区のサン・ミッシェル(Saint Michel)大通り、または広場。

〃 **ボアドバンセン**　パリ東郊にあるヴァンセンヌの森(Bois de Vincennes)。

七五 **造幣局**　第六区コンティ河岸(Quai de Conti)にある。

〃 **訓盲学校**　廃兵院の南、第七区ブルヴァール・デ・ザンヴァリッド(56, boulevard des Invalides)にある国立幼年盲学校。一八七四年創立。

〃 **読む所の書**　同校生徒から教授になったルイ・ブラーイ(Louis Braille)創案による点訳書。

七六 **リウダンケルクの停車場**　パリ第一〇区、ダンケルク街(rue de Dunkerque)にある北駅。『米欧回覧実記』によれば、岩倉一行は午後二時半に凱旋門際の宿舎を発し、午後三時四五分の汽車に乗っている(挿図二一一ページ)。

〃 **ビットショウモンの公園**　六〇ページの記述に見える「一大公園」に同じ。

七七 **寒気甚し**　新聞報道によれば、前日、前々日の午後一時の気温が四・五度まで上がったのに対して、この日は零度だった。

〃 **ロニイ氏**　「一月八日」の記述に見える「路尼氏」に同じ。

〃 **ポトクウルセル郭門**　凱旋門北方のクルセル門(Porte de Courcelles)。

七七 **人種論新著書の会社**　ロニーは一八五九年以来、民俗誌学会(Société d'Ethnographie)を主宰していたから、福沢諭吉はじめパリを訪れる日本人は端から同学会に加入させられている。

〃 **ジミナアジュ劇場**　パリ第一〇区、ボンヌ・ヌヴェル大通り(38, boulevard Bonne-Nouvelle)に現存するジムナーズ劇場(Théâtre du Gymnase)。

〃 **近年の名妓カメリアの……演ず**　この日柳北が見たのは、デュマ・フィス原作『椿姫』(*La Dame aux Camélias*)。「カメリアを演じたピエルソン嬢は、青春時代と変わらぬこの熱演によって大女優の一人となった」(『イリュストラシオン』一八七二年一一月三〇日)。

七八 **基督教の食肉日**　謝肉の火曜日(mardi gras)で、謝肉祭の最終日。

七九 **普仏戦争償金**　五〇億フラン。

〃 **郵便局**　至近の郵便局は、リュクサンブール宮殿前、ヴォジラール街(rue de Vaugirard)三六番地(トゥルノン街の角)にあった。

八〇 **レキサンボルグの博物館**　リュクサンブール宮殿の東翼二階にあり、現代美術の傑作を集める。ヴォジラール街に開いた鉄柵の門から入り、裏階段から上る。宮殿の正面から入るのは日曜日だけ(『パリ・ディアマン』一八七二年)。

〃 **アックリマタシオンの公園**　ブーローニュの森の中の動植物順化園(Jardin d'acclimatation)。もともと異国の動植物をフランスの風土に順化させて一般の見物に供し、あわせて農業の発展に資することを目的に設けられた。

〃 **ホリーベルジエー**　第九区リシェ街(32, rue Richer)に現存する一八六九年創立のミュージッ

（上）パレ・ロワイアル
（下）北駅

ク・ホール「フォリー・ベルジェール」(Folies Bergère)。ショーには凝った衣装が用いられたが、女性の裸形が透き通って見えるのが呼び物だった。

八二 **エマ氏**　フォリー・ベルジェール閉演後(といえば深夜に)、第九区フォンテーヌ街一三番地に訪れた「エマ氏」の名はボヴァリー夫人と同じ Emma である。フォリー・ベルジェールで誘われた女性か。

〃 **セーブルの陶器製造所**　パリの西南郊外、セーヌ河右岸にある国立陶器製作所(Manufacture nationale de Sèvres)。もとルイ一五世とポンパドゥール夫人によってヴァンセンヌに設けられた製造所が一七世紀中ごろ現地に移され、一八七五年(第三共和政憲法制定の年)、国有化された。

八三 **米人ヘボン翁**　アメリカ長老派の医療宣教師(J. C. Hepburn, 1815-1911)。ヘボン式ローマ字の主唱者で、慶応三(一八六七)年、和英辞書『和英語林集成』を刊行。

八四 **欧羅巴亭**　パレ・ロワイアルの東翼(ヴァロワ街側)にあった有名レストラン(Dîner Européen)。

〃 **啼鳥……の句を獲たり**　松本白華「航海録」によれば、柳北はこの晩、ヴァランチノに遊んで英国の女性に挑まれた後、アンボワーズ街の娼楼に登ったらしく、引用された各句は「芹菜(セリナ)」「馬利亜(マリア)」の二女性を叙したものらしい。

〃 **オペラの演劇**　新オペラ座が未完成だった当時、ル・ペルチエ街のロッシーニ街南側の一画を占めていた旧オペラ座で、この年一〇月に焼失(挿図二一五ページ)。柳北がここで語っているのは、新進作曲家ディアスによる「トゥーレ王の杯」の特に第二幕、海底の場。瀕死のトゥーレ王は海の妖精クラリベルから授かった護符の杯をただ一人信頼する道化パドックに渡すが、君側の女ミルラとその情人オギュスが狙っていることを知ったパドックは、杯を海に投じてしまう。ミルラに恋する漁師ヨリックは、ミルラの嘆きを聞いて海底に取りに行くが、妖精ながらヨリックに恋するクラリベルは杯を渡そうとしない。ようやく杯をもらい受けたヨリックがミルラに差し出すと、あろうことかミルラはこれをオギュスに与え、二人は栄華の絶頂を極める。しかしヨリックが妖精の名を三度唱えると、クラリベルが雷鳴のうちに姿を現し、宮殿は王妃とその党類の上に崩れ落ち、ヨリックはクラリベルの前にひれ伏す。劇評家サヴィニーは若いディアスの力量不足を指摘して手厳しいが、ミルラとクラリベルに扮したゲーマール夫人、ブロック嬢の好演を讃え、美人揃いの踊り子たちがすばらしいと述べている(『イリュストラシオン』一八七三年一月一八日)。

八五 **将軍マクマホン君**　パトリス・ドゥ・マクマオン(Patrice de MacMahon, 1808-93)。アルジェリア征服、クリミヤ戦争、イタリア戦争の軍功により、元帥、マジェンタ公に叙せられる。パリ・コミューンの鎮圧にも功あり、議会多数派の王党派の人気を得て、一八七三年五月大統領に就任。

八六 **ロッセル氏**　女性であることは、松本白華「航海録」の「同遊仙境小桃源」という表現によって明らかである。

〃 **モンマルトン**　モンマルトル(Montmartre)の丘。二年前の三月一八日、ここからパリ・コミューンが起こった。一八七五年に起工された白亜のサクレクール聖堂はまだ建っていない。

六六 **午後三時五分リオン発車場より**　柳北は携帯していた一八七二年版『イタリア案内』の冒頭に掲げるマルセイユ゠ジェノア廻り、モンスニ゠トリノ廻り、ジュネーヴ゠ミラノ廻りの三ルートのうち、第二者をとったものと思われ、一八六八年の詳細な『イタリア旅案内』では、モンスニトンネル開通後はパリ゠トリノ間が二八時間半から二二時間に短縮されるだろうとある。トリノまでの直通切符に一〇〇フラン四五、七八フラン七〇、五六フラン二五の三等級があった。

〃 **ムラン**　セーヌ・エ・マルヌ県の主邑マルヌで、セーヌの流れによって右岸、中州、左岸の三つに分断されている。

〃 **ホンテンブロウ**　フォンテーヌブロー。ナポレオンが退位を宣言したシャトーと広大な森で知られる。案内記に急行通過駅とあるから、柳北が乗ったのは急行ではなかったか。

〃 **ラホース**　ラロッシュ(Laroche)。パリの南東一五五キロの急行停車駅。

〃 **トンネイユ**　トネール(Tonnerre)。一八七二年版『パリ・リヨン案内』によれば、駅内レストランがあった。

〃 **マコンに到り汽車を換ふ**　リヨンを経てマルセイユに達する本線から、東行して山中に分け入る路線に乗り換える。

〃 **名産のマコン酒**　ブルゴーニュ産のうちに入る。白ブドウ酒がとくに有名。

〃 **ホンダム**　ポンダン(Pont d'Ain)で、アンベリウの一駅手前。

（上）旧オペラ座
（下）建設中の新オペラ座

八六 **アンペリウ** Amberieu. リヨン＝ジュネーヴ線の乗換え駅。停車中に車両の前後入れ替え作業が行われた。四〇分停車はそのためであろう。

八七 **風景愛す可し** アンベリウを出ると汽車はアルバリヌ渓谷からジュラ山系に入る。

〃 **ボション** ロシイヨン (Rossillon)。

〃 **キロス** キュロス (Culoz)。北上してジュネーヴに達する路線と分岐。乗換えに注意と七二年版『イタリア案内』にある。

〃 **大湖** ブルジェ湖 (lac de Bourget)。キュロスを出ると汽車は一六キロにわたって湖を右に見ながら走る。

〃 **三時後山渓の間** おそらく柳北が眠っているうちに、汽車はサヴォアの中心地シャンベリー(ルソーがヴァランス夫人と青年時代を過ごしたことで知られる)を通過して、モンスニの麓まで一〇〇キロにわたるモリアンヌ渓谷に入っていたのだろう。

〃 **モダアヌ** フランス側の国境駅モダーヌ (Modane)。汽車は村をめぐるように山腹を這いながら、標高差一〇〇メートルのトンネル入口まで上りつめてゆく。

〃 **モンセニーの大隧道** 七二年版『イタリア案内』には、モンスニ (Mont-Cenis) から西に二七キロ離れているので、正しくは「アルプストンネル」と呼ぶべきだとしている。仏伊両国の共同出資で一八五七年に起工されたが、水圧式掘削機の発明により、三六年の予定を大幅に短縮して、一八七一年九月に開通。全長一二キロ。モダーヌ＝バルドネッキア間の所要時間は四〇分とある。

〃 **セバルドネシヤ**　イタリア側の国境駅バルドネッキア(Bardonecchia)。駅名を聞いたときのフランス語の返答「セ、バルドネッシュ」(C'est Bardonèche)の「セ」が混入したものか。

八八 **ホテルドヨーロップ**　一八七三年版のベデカー『北イタリア』でトリノ(チュランは仏語読み)のホテル欄の筆頭にHôtel d'Europe, piazza Castello 19とあり、宿泊料三フランから。ぶどう酒つきの上等な定食が四フラン五〇、サービス料一フランなどとある。トリノのポルタ・ヌオヴァ駅前を北上する目抜き通り(Via Roma)から王宮広場に入る右角にあったが、道路拡幅のためホテル部分が取り壊されたという。

〃 **弓様の建築**　王宮広場のホテル跡に立って見ると、広場左手の大きな建物二棟の一階部分が回廊式のアーチになっているのが目に入る。

〃 **伊国の瓦は仰ぐ**　日本の平らな瓦に対し筒を二つに割ったような丸型瓦をいうか。

〃 **一川**　トリノを出るとまもなく汽車は、モンスニに比較的近い東側の山地に発し、車窓の右に平行して流れるポー川の支流 Dora Riparia 次いで Stura di Lanzo を渡る。

〃 **ホテルドミラン**　ベデカー『北イタリア』によれば Hôtel de Milan, via del Giardino 29 で、宿泊料二フラン五〇、新築宏壮とある。同ホテルはスカラ座前の目抜き通り(今は via Manzoni)角地に現在も営業しており、ベルディが愛用したとの案内板が壁に取付けられている。

〃 **娼楼多くして**　同行した松本白華の「航海録」によれば、柳北一行は出発の前夜「伊国花柳」を探っている。

八九 **デロロ氏**　松本白華の「航海録」によれば、横浜に二年在住して、日本語に通じ、兄が当時横浜に住んでいた。柳北とも相識。

八九 **ビアクザニイ**　次項ドゥオモから公園へ向かうダンテ通りを広場まで行って右折したクザーニ通り(Via Cusani)。

〃 **大刹**　ドゥオモ(Duomo)。七二年版『イタリア案内』に、おそらく世界最大の大理石建造物と紹介されている。

〃 **ガルレリイの廊巷**　ドゥオモ北側のスカラ座に通じる十字型のパッサージュ(Galleria Vittore Emanuelle)で、最近できたと案内書にある。

〃 **伊太利周遊の汽車賃**　一八七二年版『イタリア案内』(Guides-Joanne)の北イタリア鉄道の広告に、イタリア諸都市をまわる一週間から五〇日までの割引周遊券が十数種類用意されており、同会社の本部があるトリノ駅で買えるとある。柳北はローマからナポリまでを含むいちばん長い周遊券の一等(五〇日間通用で、一七二フラン七五)を買ったことになるが、ちなみに二等は一二一フラン一五。なお、柳北一行はトリノを起点としてミラノ、ヴェネチア、フィレンツェ、ローマ、ナポリ、ポンペイと、前半は広告のモデルコースを忠実に辿りながら、ポンペイからの帰途、ローマ、フィレンツェ経由トリノへ戻っているから、リヴォルノ、ピサ、ジェノアの順に海岸沿いを廻るコース後半を割愛したことになろう。

〃 **博物館**　ミラノでドームの次に見るべきはブレラ博物館(Brera)で、ドーム広場から来てスカラ座右脇のContrada di S. Giuseppe(現 via Verdi)を行けばよい、と七二年版『イタリア案内』にある。館内には絵画館のほか美術学校や学士会もあった。

〃 **那破侖第一世の銅像**　博物館中庭の、王杖と「勝利」の女神を手にした裸像。

九〇 **アルクドトリヨンプ**　ドゥオモの北西、センピオーネ公園の西端にある「平和の門」(Arco della pace)。一八〇七年、ナポレオンのために起工されたが、のちオーストリア皇帝に捧げられ、一八五九年以後は、「解放者」ナポレオン三世とヴィットーリオ・エマヌエーレ二世の入城を記念する門となった。頂上に二組の人馬を両脇に抱えた六頭立て馬車の像を配する。

〃 **サンダラダグンダの劇場**　サンタ・ラデゴンダ劇場(S. Radegonda)。二流劇場としてはなかなかのオペラを上演したという。ドーム北側の同名の通りにあった。

〃 **第一の割烹コヲバ楼**　ベデカー『北イタリア』レストランの項の筆頭に、コーヴァ(Cova)、スカラ座近辺と出ている。ミラノ・ホテル脇の繁華なモンテナポレオーネ通り角地に、菓子店として現存。

〃 **ビアハスキロロ**　今この名の通りはないが、次項のヴィットーリオ・エマヌエーレ二世通りに、この名を冠した店があるので、この辺りの旧名か。

〃 **サンカルロの寺**　ドゥオモ北側のヴィットーリオ・エマヌエーレ二世通りを東に行ったところにある(S. Carlo)。一九世紀中葉の建築で当時の案内記にも載っていないから、公園・博物館への途次、最寄りの寺へ寄ったものか。

〃 **宝石もて磚と為す**　赤と青の大理石でドゥオモの丸と四角のデザインを模した敷石をいう。ただし、優美さはとうていドゥオモの比ではない。

〃 **帰途公園に過ぐ**　ドゥオモの北にある公園内。

九〇　**病院の大建築あり**　町の外壁と濠を隔てて公園の北側にあったハンセン氏病院で、ギリシア風の大理石の門柱一対が今も残っている。

九一　**金貨を紙幣に換ふ**　七二年版『イタリア案内』はナポレオン金貨(二〇フラン)の携帯を勧めている。

〃　**十時米蘭を発す**　ミラノ＝ヴェネチア間には、日に午前六時四〇分発の急行と同一〇時発の普通の二便が走っていた。

〃　**米蘭酒**　ミラノ近郊産のシャンペン酒の一種で、スプマンテ(spumante)、フランチアコルタ(franciacorta)の通称がある。松本白華「航海録」によれば、柳北一行は前夜「デロロ氏」を招待した際に「三鞭酒」で健康を祝している。

〃　**デゼンサンの大湖**　ミラノからヴェネチアに向かう汽車が、デゼンツァーノ(De Senzano)にさしかかるあたりから一五、六キロにわたって左の車窓に見えるガルダ湖(Lago di Garda)。ブレスチアとヴェローナの中間。

〃　**ホテルラリューナ**　駅前からゴンドラに乗り、大運河から海岸に出て、サン・マルコ広場脇の星印つきホテル(Hôtel de la Luna)に着いたのである。宿泊料は二フランから。夕食はぶどう酒別で三フラン五〇。ヴェネチア最古のホテルで一二世紀創業という。現在も営業。

〃　**旧友中山右門太**　イタリア「弁務使」。本名は譲治(一八三九―一九一一)。旧幕臣で横浜仏語伝習所に学び、幕府騎兵指図役を務めたから、同騎兵並から騎兵頭に昇進した柳北の部下だったことになる。

〃　**ビアサモルコー**　サン・マルコ広場(Piazza San Marco)。ルーナ・ホテルの裏口からサン・マルコ広場へ出た南側の回廊には「赤白色の大理石」が碁盤縞に敷き詰められている。

九二　**加非店**　北側回廊中ほどで現在も営業しているカフェ・フロリアン(Florian)。一七二〇年創業。柳北の使用した七二年版『イタリア案内』に「最も有名」とある。店内の「卓椅」は当時からのものとおぼしき総大理石造り。

〃　**ラゴナ江**　ヴェネチア語で「ラグーナ」(laguna)。陸地とリド(lido)と称する沖合いの帯状の島に囲まれた遠浅の海域。

〃　**共和政事堂**　サン・マルコ寺院に接して海岸沿いに建つ政庁(Palazzo Ducale)。ただし「紀元四百十八年より」とあるのは一四一八年の誤りであろう。

〃　**壁上、往昔……を描く**　アンドレア・ヴィチェンチーノによる「レパント沖の戦い」。ただしキリスト教国連合艦隊が撃破したのは、オスマン・トルコ海軍。

〃　**古代大統領の真影**　後注「セナートル議員」による議会が開かれた大広間の入口から向かって三方の壁面上部に、初代からのヴェネチア統領(doge)七六人の肖像が、その代理者と二人一組で描かれている。

〃　**古書十五万巻を蔵す**　いまは小広場(Piazzetta)を挟んで向かいの国立マルチアーナ図書館(Biblioteca Nazionale Marciana)に、政庁から移された写本・古書を蔵するが、ただしその数は合わせて一万五〇〇〇点という。

〃　**セナートル議員三百十名列座の席**　いま座席はないが、残された写真によれば、中央に一〇列と両側で合わせて五〇〇席あったという。

九二 **画図を剝ぎ去りし処**　大会議室にあったヴェロネーゼの天井画「ヴェネツィアの勝利」とティントレットの壁画「ヴェネツィアの栄光」をナポレオン軍が持ち去った。今あるのは模写。

〃 **獄室**　拷問室「ピオンビ」(Piombi)のこと。今は「秘密の経路」とて特別参観。

九三 **高塔あり**　サン・マルコ広場にある鐘楼。

〃 **フレル、ルビイ**　リアルト橋北詰のルビー・ガラス店の店主。

〃 **サンマリイ、エズヴィティの寺**　サン・ミケーレ島に面した海岸にあるイエズス会教会(Santa Maria assunta de'Gesuiti)。一八世紀の建立で大理石彫刻が多く、七二年版『イタリア案内』に「悪趣味の傑作」とある。

〃 **サンマリイ、フラリイの寺**　駅正面を奥に入った、フラーリー教会(Santa Maria gloriosa dei frari)。ルネサンス画家ティツィアーノの墓がある。

〃 **サンマリイ、カルムリタンの寺**　サンタ・ルチア駅を出ると、すぐ左脇のカルメル派教会(I Carmelitani)。屋上の大砲の痕とは、イタリア独立戦争時のものであろう。

九四 **ミュラノ**　ムラーノ島のフランス語読み。ヴェネチア・ガラスの生産で有名。

〃 **一島に上陸す**　ヴェネチア市民の墓地の島サン・ミケーレ島。同名の教会がある。観光ルートからはずれる同島に上陸したのは、宗教事情視察の目的からか。墓所は柳北が詳説する通りだが、松本白華「航海録」には「旧教、新教、希臘教、皆備わる」(原漢文)とある。

九五 **パレーロヤル**　サン・マルコ広場を挟んで共和政事堂に面す。

〃 **児謙**　柳北の婿養子成島謙吉。松本白華「航海録」に、謙吉の到着が長田から電信機で知らされたことが記されている。

〃 **五時四十分発車**　この日柳北は、パドヴァ、フェラーラ、ボローニャ、フィレンツェと、半日かけて一気に南下している。

〃 **ボロギアに達す**　汽車はボローニャまではポー川流域の沼沢地帯を横切るが、ボローニャを出てしばらくするとレノ(Reno)川流域に入り、数十キロにわたって同川の川床を進む。汽車が「回転して進」んだのは、アンベリウのときと同様、急坂でスイッチ・バックして進んだのであろう。

〃 **アペンナイン**　アペニーノ山脈。

〃 **韶華**　優美な景色。「韶」は、美。

九六 **フロラン府**　「弗稜蘭」もフィレンツェのフランス語読み(Florence)。

〃 **故の多斯加納王の首府**　七二年版『イタリア案内』には最近までイタリア王国の首府だったが、その後政府の所在地がローマに移されたとある。旧トスカナ大公はコジモ一世以来のメディチ家。

〃 **ホテルド、ミラノ**　ミラノ市ホテル(Hôtel Città di Milano, via de' Ceretani, 12)。ベデカー『北イタリア案内』に駅近くのホテルとして紹介されるが、今も同じ場所で、一七世紀の建築を売り物にして営業している。

〃 **ドウムの寺**　サンタ・マリア・デル・フィオーレ教会。通称ドゥオモ。有名なドームはコシモ・デ・メディチの保護を得たブルネレスキによって完成された。

九七 **雲際に聳ゆ**　頂上の十字架の先端までで一一四メートル八四と七二年版『イタリア案内』にある。

〃 **石階四百十七級あり**　七二年版『イタリア案内』には上階まで四六三段と出ている。途中にドームの内側を一周できる回廊があって数段下りになっているので、数えながら上るとこの辺から勘定がおかしくなる。

〃 **ウェッキヨの宮**　ドゥオモの南、アルノ川寄りにある、パラッツォ・ヴェッキオ(Palazzo Vecchio)。宮前にミケランジェロ作「ダヴィデ」(コピー)など三体の大石像、銅像が立っている。

〃 **パラゾピッチイ宮**　アルノ川対岸のパラッツォ・ピッティ(Palazzo Pitti)。もとフィレンツェの商人パラッツォ・ピッティが建てた邸宅をメディチ家が買い取ったもの。大理石のテーブルに小豆色を基調とした絵柄が嵌め込まれている。

〃 **姑蘇に遊び呉王の古宮を観るが如きの想ひ有り**　姑蘇は、春秋時代の呉の国の都。越に勝った呉王夫差が、越から差し出された美女西施を寵愛して、贅美をつくした姑蘇台を造営したことが、『史記』「呉世家」篇に伝えられている。ここにもまた「旧幕臣」としての柳北の感懐が表れているといえよう。

九八 **内苑を出でて外苑に逍遥す**　管理人の許可を得て宮殿裏手のボーボリ庭園(Giardino di Boboli)へ出たものであろう。園内にはミケランジェロの彫像を納める洞窟があり、宮殿裏の高台に上るとフィレンツェの町が見渡せる。

〃**サンマリー、ノベルラの寺**　ミケランジェロが自分のフィアンセと呼んだ駅前のサンタ・マリア・ノヴェルラ教会。ジオット、チマブエ、ギルランダイヨらによる壁画がある。「内苑」「外苑」を散策した後、ノヴェルラ教会へ向かったとすると、どこかでアルノ川を北に渡らねばならないが、教会から目と鼻のさきの宿舎へ帰るのに、またわざわざ鉄橋まで戻ったのだろうか。

〃**羅馬府に達し**　フィレンツェからローマへ汽車で行くのに、一八七二年版ベデカー『中央イタリア案内』は「最短・最安価ルート」として最近開通したアレッツォ＝ペルージア経由を勧めている。その場合フィレンツェ発ローマ行きは日に二便あり、うち夜間急行は所要一二時間。

〃**ホテルドミラノ**　一八七二年版ベデカー『中央イタリア』には載っていないが、同一八八〇年版に Hôtel de Milan, via S. Chiara, 5(パンテオンを南に一郭入った横丁)とある。ポポロ門からスペイン広場に至る「外国人界隈」の高級ホテルでは宿泊料が四から六フランであるが、ここでは二フラン五〇から。ホテルの建物は現存するが、今は営業していない。

〃**コルソー街**　ポポロ門から南にヴェネチア広場に達する目抜き通り。

〃**サンピエルの寺**　サン・ピエトロ大聖堂(Basilica di San Pietro)。本文一〇五ページの「聖伯得の寺」も同じ。ペテロ(Petros)はフランス語で Pierre.

〃**埃及の大塔**　円形のサン・ピエトロ広場中央のオベリスク。建立は一六世紀。

九八 **獄舎**　フォーロ・ロマーノのセプティミウス・セヴェルス凱旋門西側正面にある教会の地下に、聖ペテロが幽閉されたという二層の岩窟(Carcere Mamertino)がある。

〃 **コンスタンチン帝の奏凱閣**　コンスタンティヌス大帝が政敵マクセンティウスに勝利したことを記念する凱旋門。コロッセオの南西わき。

九九 **パンテーオン**　上古の火葬場というのは誤りで、神々に捧げられた神殿。ドーム中央に丸い穴が開いているのは、「烟突口」ではなくて、採光窓。

〃 **ピアサコロンナ**　コルソー通り中ほどの広場(Piazza Colonna)。中央にマルクス・アウレリウス帝のゲルマン諸族への戦勝を記念する塔が建っている。教皇シクストゥス五世が一五八九年に修復させた際、塔上の皇帝の像を聖パウロの像に替えた。「聖伯徳」とあるのは誤り。

〃 **ポポロ寺**　コルソー通りからポポロ広場を抜けたところにあるSanta Maria del Popolo. 広場中央のラムセス二世のオベリスクは、アウグストゥスがエジプト遠征の折、ヘリオポリスから持ち帰ったもの。

〃 **サン、モントサント**　ポポロ広場からコルソー通りに向かって左側。S. Maria di Montesanto.

〃 **サン、ミラコリ**　同じく右側。S. Maria di Incurabili.

〃 **バルカチア泉**　スペイン広場にある舟型泉水(Fontana della Barcaccia)。

〃 **イマクラタ、コロンヌ**　同広場南端にある聖処女を戴く塔(Colonna dell'Immacolata)。

〃 **トラヂアン帝の塔**　ヴェネチア広場南東脇にある皇帝トラヤヌスの塔(Colonna Trajana)。高さは二五メートル九八と七二年版『イタリア案内』にある。

〃 **譙楼**　城上の高楼。トラヤヌスの塔から見て、同名の市場の裏手にそびえる民兵の塔(Torre delle Milizie)。ネロがローマの大火をここから眺めたと長い間伝えられてきたが、塔が建てられたのは一三世紀。

〃 **サンリュカ学校**　トレヴィの泉の右脇の路地を出たところにある一六世紀末創立の聖ルカ美術学校(Accademia di S. Luca)。聖ルカは画家の守護聖人。

〃 **セプチモセベロ奏凱閣**　フォーロ・ロマーノ西端にあるセプティミウス・セヴェルス帝(Septimius Severus)の凱旋門。

〃 **セプチモス帝及び其子二帝**　セプティミウスとその二人の息子ゲタとカラカラで三帝(Geta, Caracalla)。カラカラはのちに共治のゲタを殺したが、碑文からゲタの名を削った跡がいまも見える。

100 **ウェスパシアン帝のタンプル三柱**　ウェスパシアヌス帝の神殿は、凱旋門を西に出るとすぐ前にあるコリント式の白大理石柱(Tempio di Vespasiano)。

〃 **サチュルン**　凱旋門の西側左手前にあるイオニア式石柱(Tempio di Saturno)。サトゥルヌスはゼウスにオリンピアを追われ、黄金時代の古代ローマ王ヤーヌスのもとへ逃れたといわれる。身分平等のシンボルとして下層民の信仰を集めた。

〃 **コロンナ、ホヲカ**　七世紀にローマへ来てパンテオンを教皇に献じたビザンチン帝フォカスを記念する塔(Colonna di Foca)。凱旋門を東に入るとすぐ右。

〃 **古き堂址あり**　ローマ初期に開かれた民会の演壇(Rostra)で、海戦で分捕った青銅製の船首

(rostra)で飾られている。フォカスの塔の西隣り。もと通路を隔てた元老院(Curia)の前にあったが、カエサルが同院再建の際に現在地に移動したもの。

100 **カピトル宮は今議事堂となれり**　ヴェネチア広場からヴィットーレ・イマヌエレ二世の巨大な記念碑を右手にまわって、カピトールの丘の石段を上ると、広場正面の建物がローマ市庁舎(Palazzo Senatorio)。

〃 **マルカレリヲ馬に跨るの銅像**　マルクス・アウレリウスの騎馬像は広場中央の台座に乗せられていたが、今は新宮殿美術館(Palazzo Nuovo)に収蔵されている。

〃 **数個の石像**　カピトールの丘の石段(Cordonata)には、下部の左右にエジプトのライオン、上部の左右にゼウスの息子といわれるカストール、ポルデウケースの双子の兄弟が馬を引いた巨大な石像が、サン・ピエトロ寺院の方角を向いて立っている。

〃 **マルホリスの像**　ローマで発掘されたヘレニズム時代の彫刻で、マルフォリオ(Marforio)の「もの言う彫像」。歴代の教皇に言論を抑圧された民衆が、この種の像に風刺詩などを貼るようになった。新宮殿美術館に収蔵。

〃 **アントニユス帝及び……の閣**　フォーロ・ロマーノ中程にあるアントニウスとファウスティーナの神殿(Tempio di Antonino e Faustina)。アントニウス帝が亡き妻のために建てた神殿だが、いまはその柱廊がサン・ロレンツォ・ディ・ミランダ教会の正面入口になっており、ギリシア式列柱と十字架が奇妙なコントラストをなしている。

〃 **ロマニユスの塔**　アントニウスの神殿の右隣りにあるロムルスの神殿(Tempio di Romolo)。

この円形の神殿が伝説上のローマ建国の祖ロムルスに捧げられたものかどうかは不明。神殿自体が教会の入口になっている。

〃 **コンスタンチンの寺**　コンスタンティヌスとマクセンティウスのバジリカ(Basilica di Constantino e Massenzio)。ロムルスの神殿の隣りの巨大なアーケード状建築。マクセンティウス帝によって建設が開始され、コンスタンティヌス帝によって奉献された。

〃 **該撒の宮**　七二年版『イタリア案内』に「皇帝たちの宮殿」(Palais des Césars)とあるパラティーノの丘(Monte Palatino)。フォーロ・ロマーノ東端のティテュスの門のあたりから「石階を登」ったのであろう。ロムルスが建設したといわれる太古の村の遺跡があるのは、その西端。アウグストゥス以後、ティベリウス、カリグラ、ドミティアヌスら代々の皇帝の宮殿が営まれた。ナポレオンの像があるというのは、当時この地がイタリア独立を助けたナポレオン三世の所有に帰していたためである。丘中央部の地下道(Criptoportico)を出ると「円形なる一大浴場」(ティベリウス宮の水槽)があり、「後園」(ファルネーゼ庭園)に入る。一六世紀に開かれたこの庭園は世界最古の植物園といわれ、アカシア(acacia farnesiana)などが植えられていた。庭園の北西角からは「公議堂」(市庁舎)などを遠望できる。「円形馬場」(じつはドミティアヌス帝の散策場)は丘の東端。

一〇三 **闘獣場**　円形劇場コロッセオ(Colosseo)。

〃 **チチュス帝の奏凱閣**　ティテュス帝のエルサレム征服を記念して建てられた。前記「コンスタンチンの寺」の斜め前。

一〇二 **コンスタンチン帝の奏凱閣** 「コンスタンチンの寺」注参照。
〃 **古井** ティテュス帝が建造し、コンスタンティヌス帝が修復した泉(Meta Sudans)。一九三六年に破壊された。
〃 **ネロ帝の宮** ネロ帝がコロッセオの東に造営した広大な黄金宮殿(Domus Aurea)。
一〇三 **サンヂョンの寺** コロッセオの東約一キロにあるサン・ジオヴァンニ・イン・ラテラーノ教会(San Giovanni in Laterano)。コンスタンティヌス帝の創建にかかるローマ初のキリスト教会で、当市の大聖堂。同広場にローマ最古・最高のオベリスクがある。
〃 **スカラサンタ** 同教会東隣りの建物にある大理石の聖階段(Scala Santa)。キリストが訴えられた日に登ったと伝えられるピラト邸の二八段の階段で、エルサレムから運ばれたもの。
〃 **サンピエル、インビンクリスの寺** コロッセオの北五〇〇メートルほどのところにある教会(San Pietro in Vincoli)。
〃 **マルス、ウルトレイ** ヴェネチア広場とコロッセオを結ぶ大通り(Via dei Fori Imperiali)の中程で、フォーロ・ロマーノの反対側。アウグストゥスのフォーロの中心にあるマルス・ウルトールの神殿(Mars Ultor)。石段とコリント風列柱三本が残っている。
〃 **テラビの泉** 有名なトレヴィの泉(Fontana di Trevi)。コルソー通り中程のコロンナ広場南端から東に入る。
〃 **クィリナル宮** トレヴィの泉から南へ登るとすぐ。一六世紀末、教皇グレゴリウス三世がマラリアを避けるため、ローマ最高のクィリナーレの丘に建てた宮殿(Palazzo del Quirinale)で、一八七〇年以後王宮になり、今は大統領府。

〃 **モントピンチョー**　ポポロ広場東端に上り口があるピンチオの丘(Monte Pincio)は公園になっており、正面にローマ市街をはさんでサン・ピエトロ寺院のドームが遠望できる。

〃 **園内に巌窟の状を作為する**　公園東側崖寄りの時計通り(Viale dell'Orologio)にある。池の真中の巌窟様のものの上に、水時計が乗っている。ただし時計は、一八八九年のパリ万国博に展示されたもの。

〃 **仏蘭西学校**　公園からスペイン広場上のトリニタ・デイ・モンティ教会へ通ずる道の途中にある。コルベールの創設になるフランスの芸術家を養成するためのアカデミー(Académie de France)で、ナポレオンがメディチ家別邸(Villa Medici)に移したもの。「ローマ大賞」の受賞者がいまも留学している。

一〇四 **割烹楼**　「仏蘭西学校」から公園西側のベルヴェデーレ通りを引き返す途中、見晴らし台上にある有名レストラン。創業二百年の老舗(La Casina Valadier)。

〃 **大劇場**　ローマ中央駅広場を左に出て一郭行くと、右手に白堊の四角い建物に八本の角柱を並べたオペラ座(Teatro dell'Opera)が見えてくる。「ギイヨヲム、テール」は、「ウィリアム・テル」のフランス語読み。シラーの戯曲に基づくイタリア歌劇。

〃 **ボルヂス宮**　ピンチオ公園に続くボルゲーゼ別邸(Villa Borghese)の東端にある同名の美術館。

〃 **カピュシニ寺**　地下鉄バルベリーニ駅からヴィットーリオ・ヴェネト通りの上り坂途中にあ

る。サンタ・マリア・デラ・コンチェツィオーネ教会のカプチン会修道士墓地(Cimutero dei Capuccini)。代々の修道士の遺骨四千体で作った茨の冠、十字架などが五つのチャペルに所狭しと飾られている。

一〇四　**パンヒリドリヤ宮**　コルソー通りからヴェネチア広場に入る右手前にある美術館(Palazzo Doria Pamphili)。パンフィーリ、ドリア両家の蒐集品を収蔵する。

〃　**マルチュリス古劇場**　ヴェネチア広場からテアートロ・マルチェルロ通りを南に下って、テーヴェレ河近くの右手。アウグストゥスが若くして死んだ甥マルケルスに捧げた劇場(Teatro Marcello)。コロッセオ建造のモデルとなった。

〃　**ポルテック、テアアトル**　アウグストゥスが建て、姉妹オクタヴィアに捧げた柱廊(Portico d'Ottavia)。「マルチュリス古劇場」の北側の道を西に向かうとすぐ。

〃　**イスラリット寺**　「マルチュリス古劇場」からテーヴェレ河岸へ出ると、すぐ右手にあるユダヤ教会(Sinagoga)。

一〇五　**フハルネセイ宮**　大銀行家アントニオ・キージの邸宅を、後に対岸のファルネーゼ家が買い取ってファルネジーナ別邸(Villa Farnesina)としたもの。「マルチュリス古劇場」からテーヴェレ河を右岸へ渡って上流方面へ右折、シスト橋とマッツィーニ橋の中間。「殆ど春画に類するもの」とは、ラファエロとその工房による「プシケーとキューピッド」のフレスコ画。三人の裸婦と青年キューピッドが描かれている。黒田清輝の「朝妝」をめぐる裸体画論争以前の伝統的絵画観を彷彿させて興味深い。「画工サンガル氏」は、ローマ大賞奨学生として、また「仏蘭西学校」校長として、世紀前半二度にわたってローマに長期滞在したラファエロ崇拝者アングル(Ingres)。この絵に想を得て最初の裸婦像「浴女」を描いたといわれる。

〃 **サンマリヤ、トラステベル寺**　シスト橋の南、サンタ・マリア・イン・トラステーヴェレ広場にある同名の教会(Santa Maria in Trastevere)。

〃 **チチュス帝の大石盤**　円形室(Sala Rotonda)中央の大水盤。ネロ帝の黄金宮殿にあったといわれる。

〃 **紫石の大棺**　円形室隣りのギリシア十字室(Sala a Croce Greca)にあるコンスタンティヌス帝の母(S. Elena)と娘(Constantina)の棺。

〃 **支那製の仏像**　今日では入口脇地下の海外民族学室(Museo Missionario Etnologico)に収められている。

〃 **ウェスタの塔**　フォーロ・ロマーノの中ほど、「アントニユス帝及びハウスチナ后合造の閣」の前にあるウェスタの神殿。

〃 **モント、アベンチ**　ヴェネチア広場の南約一キロのアヴェンティーノの丘(Monte Aventino)。

〃 **カヨセスチユスのピラミーデ**　ローマの執政官、護民官カイウス・ケスチウスの墓として建てられた白大理石貼りのピラミッド(Piramide di Caio Cestio)。アヴェンティーノの丘を南に下った広場にある。

〃 **サンパヲロの寺**　四世紀創建のバジリカで、一八二三年の火災後復旧された聖パウロ城壁外寺院(San Paolo Fuori le Mura)。創建当時はサン・ピエトロ寺院よりも大きかったといわれ、祭壇下に殉教したパウロを葬ったとされる墓がある。サン・パオロ門からさらに二キロほど南下したところにある。

一〇六 **以太利国王**　ヴィットーリオ・エマヌエーレ二世(一八二〇―七八)。

〃 **ピイズ**　ピサのフランス語読み(Pise)。フィレンツェの宿に着いたとき柳北は「此地は仏語に通ずる人稀れにて、頗る不便」とこぼしていたが、イタリア入りしてからの地名表記を検討すると、どうやら新しい町に着くごとにフランス語の「東道」を雇っていたふしがある。各地の景物に触れるごとに関連する逸話まで聞き出しているのは、なかなかの語学力である。

〃 **アルハ**　パリの「エマ氏」(八一ページ)と同様、女性であろう。柳北は隅田川に芸者小勝を伴った際の日記にも「月券来リ伴フ」と、「勝」字を偏と旁に分解した暗号で記している(前田愛『成島柳北』五六、五七ページ)。

一〇七 **エスパンギョ館**　縦長のスペイン広場の南側中ほどにあるスペイン宮殿(Palazzo di Spagna)で、現在もスペイン大使館。

〃 **九時三十分那不勒府に達し**　ローマ＝ナポリ間は二六一キロを七時間または九時間四〇分と案内記にあるから、単純計算すると時速三五キロほどになる。

〃 **ホテル、ゼネーブ**　案内記にフランス人客が多いとされた、ジュネーヴ・ホテル(Hôtel de Genève)。ナポリ港の海上駅に近い市庁舎広場の中ほどから北に上ったメディーナ通りにあった。ベデカー『イタリア案内』(一八七五年)によれば、商用客の利用する二流ホテルの中では最上等で次項セントラル・ホテルの向かい、とある。

〃 **ホテル、セントラル**　同じ通りの西側七二番地にあったホテル(Hôtel Central)で、今は高層の系列ホテルが建っている。「同行の中三名」は、松本白華の「航海録」によれば、現如上人、石川、小野。

一〇八 **館内一室……有り**　一八一九年に館内の「ポルノグラフィー蒐集品」を隔離するために作られた「秘密室」は、一八六〇年、ガリバルディの命によって公開されたが、一九三一年、ファシスト政権によってふたたび非公開とされ、今は許可制。当時の案内記に教皇ピオ九世の来館以来、長らく「女人禁制」の札が掲げられていたとあるから、柳北もこれを見て入ったのであろう。

〃 **ボーメロー山**　ナポリ港の西にあるヴォーメロ山(Vomero)。今は地下鉄モンテサント駅から登山電車が出ている。

〃 **大石礮台**　山頂のサンテルモ城広場東隅から、柳北らが上ってきたのと反対に旧登山道を下りて行くと、立ち入りはできないが、まさしく「山腹に」砲台らしき白大理石の構築物があって、モンテサント駅南のヴィットーリオ・エマヌエーレ通りあたりからも望見される。

〃 **シャルトレーズの寺**　サンテルモ城の東隣りにあるサン・マルティーノ・チェルトーザ(フランス語でシャルトルーズ)修道院(Certosa di San Martino)。

〃 **ベヂーブ山**　ナポリの南東一〇キロにあるヴェスヴィオ山(Vesuvio)のフランス語読み(Vésuve)。前項の「シャルトレーズ」とともに、柳北がフランス語の案内を付けていたことは明白である。

一〇八　**故那不勒王の宮殿**　港に面した城(Castel Nuovo)の西隣りにある王宮(Palazzo Reale)。

一〇九　**山に入る一の地道**　どうやら馬とロバにひかれて海岸まで下りたらしい柳北一行は、ヴィットリーア広場あたりから右折して王宮の海岸側に通じるトンネル(Galleria della Vittoria)をくぐったものと見える。トンネルの全長は約八〇〇メートル。

〃　**公園**　王宮南側の公園。

〃　**テレザの家**　松本白華の「航海録」に、「夜、春を探り、以斯斑亜《イスパニア》の花を買ふ」(原漢文)とある。

〃　**紀元七十九年**　ヴェスヴィオ山が爆発したのは、同年八月二四日。

〃　**千七百五十五年**　最初の科学的発掘が始まったのは、一七四八年とされる。

一一〇　**死せし者の体**　死者が解体してできた空洞に石膏を流し込んで作ったもの。人口二万のうち、死者は二〇〇〇名に上ったという。

一一一　**一瓶九フランクなり**　高い！　柳北が二日で逃げ出したグランドホテルの豪華定食が、ワイン込みで五―八フランである(七二年版『パリ・ディアマン』ほか各種旅行ガイドの広告)。ちなみに、ジュネーヴ・ホテルの宿泊代は二リラから三リラ(当時の一リラは一フラン相当)だから、ホテル代の三、四倍ふんだくられたことになる。

〃　**ボリギヨー**　七二年版『イタリア案内』ではローマからフィレンツェへ向かうのに、半島の中央を通るペルージア廻り、西海岸沿いのリヴォルノ廻り、両者の中間を行くシエナ廻りがあった。ローマを九時に発って、全長三七二キロのほぼ中間に位置するペルージアから三九キロ手前、フォリーニョ(Foligno)で遅めの昼食ということになったのであろうか。

〃 **プレザンス**　ピアチェンツァのフランス名(Plaisance)。

一二 **トロンベッタ**　往路に泊まった王宮広場を東に出て三本目、サン・フランチェスカ・ダ・パオラ通り八番地にあったホテル(Hôtel Trombetta)。

〃 **花園**　ホテルの北に当たる王宮庭園(Giardini Reali)であろう。

〃 **パレーロヤルに似たる**　王宮広場の東南隅から入った一郭。ガラス屋根に覆われた長方形の建物の両側に瀟洒な店が並んでいる。

〃 **イダの家**　「イダ」は、ギリシア女性の名。この日の松本白華「航海録」に「午後散歩、嬋《せん》娟《けん》たる一朶《いちだ》の花を見る」(原漢文)とある。

一三 **サンシュールヒ**　サン・シュルピス街(rue Saint-Sulpice)の宿か。

〃 **ジュバルに小酌す**　旅行で散財した後でもあり、婿養子相手は定食一フラン五〇の大衆食堂デュヴァル軒で控えめに、ということか。

一四 **ホテルドジブラルタル**　Hôtel Gibraltar.　第八区スュレーヌ街三五番地(35, rue Surène)にあった。

一五 **イタリイ街の一店**　カフェ・アングレーか。本文四八ページ「ザングレイ楼」注参照。

〃 **ホテルドバアレー**　リヴォリ通り沿い(170, rue de Rivoli)のパレ・ロワイアル広場にあったHôtel de la place du Palais Royal か(「バアレー」を「パーレー」と読む)。

二六 **ルウエイ**　ナポレオンの皇妃ジョゼフィーヌの墓があるのは、凱旋門を出てサン・ジェルマンに向かう道の中間、ルウイ(Rueil)の聖ペテロ・聖パウロ教会。

〃 **烟草製造館**　オルセー河岸の廃兵院広場西隣りで、六階建ての巨大な建物(Manufacture des Tabacs)。案内記では、動力室のポンプ二基で計百馬力になる、としている。

二八 **石獅**　カタコンブの入口があるダンフェール・ロシュロー広場でパリ市中を睨むライオンの石像が有名だが、ここはリュクサンブール公園内で宮殿方向を見返る左右一対の白いライオン像だろう。

二九 **ベフール**　パレ・ロワイアルの回廊北側で現在も営業している高級料理店(Véfour)。

〃 **カレイ**　パリ＝ロンドン間のルートでは、ブーローニュ経由よりも距離は長くなるが、何よりの利点は海峡横断が平均一時間二〇分から四〇分と短く船酔いが軽くてすむ、と一八七四年版のガイドブック『ロンドンとその周辺』にある。全行程所要時間一〇時間二五分。風で海が荒れていたため、横断に二時間かかったものと思われる。

〃 **維多利亜の停車場に達せしは**　ロンドンのヴィクトリア駅に着いているのは、ロンドン＝チエイザム＝ドーヴァー鉄道の切符を買っていたからであろう(南東鉄道ではチェアリング・クロス駅)。ドーヴァー＝ロンドン間は平均二時間一五分、三時間、三時間一五分とある。

〃 **ゴルデンクルスと称する逆旅**　七四年版『ロンドンとその周辺』に「チェアリング・クロスに近くて安価」という駅前のホテル(Golden cross, 452, Strand)。建物は現存するが、今は政府機関が入っている。

二〇　**バンキンハムパレイスロウド百四十六号の家**　ヴィクトリア駅東脇から宮殿に通ずるバッキンガム・パレス・ロード(Buckingham Palace road)の同番地に現存する。同じ構えの煉瓦造り、四階建ての建物が立ち並ぶうちの一軒。

〃　**一週三磅余**　賄い付きの下宿の相場は、当時二、三ポンドだった。

〃　**地下の汽車**　一八六〇年に起工して一八七一年竣工。機関車が煙を燃やしながら客車の照明に必要なガスを提供する仕組みになっていた。市内中心部をほぼ一周するかたちで結び、両方向から五分ごとに発車していた。

二一　**ロヤル、エキスチェンジ**　王立取引所(Royal Exchange)。英国銀行の斜向かい。

〃　**クイン街**　取引所から西に走るクイーン・ヴィクトリア街(Queen Victoria St.)。

〃　**大像**　公園東南端のハイドパーク・コーナーから入るとすぐ右手に、ワーテルローでナポレオンを破ったウェリントンを記念するアキレウス像が立っている。

〃　**アレキサンドルのホテル**　「ハイドパーク前」と当時のガイドブックにあるアレクサンドラホテル(Alexandra Hotel, 16, Saint George Place)であろう。

〃　**ケンシングトンの博覧会**　イギリス産品の趣味性向上を目指して一八五七年に開設されたサウス・ケンシントン美術館(今の Victoria and Albert Museum)。

〃　**ブレッキフェル橋**　一八六九年建造のブラックフライアーズ橋(Blackfriars Bridge)は、柱廊式の欄干が今も赤白に塗り分けられ、重厚だが素っ気ないともいえるロンドン橋と対照的である。

三三 **ロヤル、ポリテクニック** リージェント街三〇九番地の機械展覧場(Royal Polytechnic)。

三三 **泳気鐘** 大水盤中に釣り下げられた重さ三トンの潜水鐘で、入場者は六ペンス払えばこの中に入って潜水できた。

〃 **名将ウェルリングトンの像** ハイドパーク・コーナーにある騎馬像。

〃 **印度博物館** セント・ジェームス公園の東隣りダウニング街のインド省にあった東インド博物館(East India Museum)。

〃 **印度文庫** 英国外務省に併設されていたインド局(India Office)にあった。現在は大英図書館に委管されている。

〃 **西公使** Westminster に漢字を当てたもの(公使は minister)。

〃 **髑髏の……石碣有り** エリザベス・ナイティンゲール夫人像(一八世紀)。瀕死の若き妻を夫が死神から懸命に守ろうとしている大理石の彫像。柳北の解釈はドラマチックだが、「姦夫」とは気の毒である。

〃 **木榻** エドワード一世のために作られたオーク材製の戴冠式の椅子。座席下に、一二九六年にスコットランドから持ち帰った「運命の石」(Stone of Scone)を収める。

〃 **アルハンブラの劇場** リセスター・スクウェア(Leicester-square)二七番地にあって、オペレッタやバレーを主に上演した Royal Alhambra Theater. 跡地に、「一八五四年から一九三六年まで、ロンドン娯楽の中心だった」との表示がある。「舞妓ダンカア」は dancer か。

一三 **草木穀菌等の博物場** キュー植物園(Kew Gardens)。ワーテルロー駅からリッチモンドまで西南鉄道で行き、乗合馬車に乗り換える。テームズ河上流右岸沿いの植物園。

〃 **パアルムストフ**　同園中央にある鉄骨ガラス張りの大温室(Palm House)。

一二四 **ビクトリヤホテル**　ヴィクトリア駅の豪華ターミナルホテル(Euston and Victoria Hotel)であろう。

〃 **ゴウア街のウニウェルシチーコーレージ**　大英博物館とユーストン駅の間にあるロンドン大学ユニヴァーシティ・カレッジ(University College)。幕末に密航留学した伊藤博文らがここに学んだことを、柳北は聞いていなかったようである。

〃 **蠟細工**　ベーカー街にあるマダム・タッソウ(Madame Tussaud. 後出「チュッサウド」)の蠟人形館。一七六一年フランス生まれの夫人がロンドンに渡って同館を開いたのは、一八三五年、七四歳のとき。

一二五 **白星会社**　リーデンホール街(Leadenhall St.)三四番地にあったアメリカのホワイト・スター汽船会社(White Star Line)。

〃 **スタンレー街**　ヴィクトリア駅から一駅南の場末通り(Stanley Grove)。パリやイタリア諸都市の例から見て、夜間突然訪問し身分なども明かされない「ハミルトン氏」は女性か。

〃 **トワル、オフロンドン**　ロンドン塔(Tower of London)。

一二六 **舟にてテイムス川を往返せり**　白地に赤十字の印をつけたThe Citizen and Iron Steamboatsが、ロンドン橋の両岸から五分ごとに発着してウェストミンスター橋との間を往復していた(料金一ペンス)。また同区間を逆方向から運航するThe Penny Steamboatsも一〇分ごとに発着していた。

二三六 **クリモアンの公園**　ロンドン西部、バタシー橋の西にあるテームズ河沿いの公園(Cremorne Gardens)。

二三七 **シティ、ヲフプリゾン**　ロンドン北郊の監獄(City of London Prison)。

〃 **水晶宮**　一八五一年にハイドパークで催された万国博の際の鉄とガラスの建物を、一八五四年、ロンドン南郊に移築したもの。ワーテルロー駅その他、地下鉄各駅からも頻繁に汽車が出ていた。一九三六年焼失。現在は国立スポーツセンターになっている。

二三八 **ウィンズルカスル**　ロンドン西郊三五キロにあるウィンザー城(Windsor Castle)。

〃 **城外に大園囿有り**　城の南に広がる大庭園(Great Park)。

〃 **一路坦々たる有り**　大庭園に至る直線約四キロのロング・ウォーク(Long walk)。

〃 **若爾日第三世の石像**　ロング・ウォークの南端にあるジョージ三世の騎馬銅像。

〃 **別園に出づれば、湖有り**　大庭園先端のヴァレー庭園(Valley Gardens)の最南端にある人造のヴァージニア湖(Virginia Water)。

〃 **皇太子避暑の離宮**　ジョージ三世の発狂後、摂政となった皇太子(後のジョージ四世)は、大庭園のロイヤル・ロッジ(Royal Lodge)に住んだ。

二三九 **ドクトルケン博物館**　島地黙雷『航西日策』に、明治五年七月二〇日に「ドクトル・ミュージャム〈医療博物館〉を見る」とある(『島地黙雷全集』第五巻)。ウォータールー橋の北、リンカーンズ・イン・フィールズ(Lincoln's Inn Fields)の王立外科医学院(Royal College of

Surgeons）の博物館であろう。ジョン・ハンター（John Hunter）のコレクションを比較解剖学の講義を行うことを条件に国が買い取って、一八一三年に開設。当時すでに二万三〇〇〇点以上の解剖学・博物学標本等を有していた。女性は入館できなかった。

〃　**森公使**　森有礼駐米代理公使。

一三　**ヱースト停車場**　ロンドン北部のユーストン駅（Euston Sta.）で、ラグビー経由リヴァプールへ向かうロンドン北西鉄道の発駅。

一三　**クリウの停車場**　リヴァプール手前の乗換え駅（Crewe Sta.）。

〃　**地道**　リヴァプールの手前は深い切り通しになっている。

〃　**リバプール港に達し**　ロンドン北西鉄道の汽車は、中央駅西側のライム・ストリート駅（Lime Street Sta.）に着いた。

〃　**アンジョル、ホテル**　デール街（Dale St.）二一番地にあったエンジェル・ホテル（Angel Hotel）。

〃　**水街**　デール街を南に下るとウォーター街（Water St.）になっている。

〃　**プリンセスパアク**　リヴァプール東部の公園（Princess Park）。

〃　**コロンウェル街**　コーンウォーリス街（Cornwallis St.）。

一三　**クインストウン港**　Queens Town.　アイルランド南西部のコーブ（Cobh）の旧称。

〃　**コンミッショネル**　パリの辻々にいて、手紙や荷物の配達を請け負った便利屋を commissionnaire と呼んだ。

## 「暁窓追録」

一三九 **丁卯**　ひのとう。慶応三(一八六七)年。

〃 **胞弟**　同じ母から生まれた弟。

一四〇 **鄂爾泰**　一六七七―一七四五。清の重臣。「俄羅斯の録」(ロシア紀行)は伝わっていない。

〃 **紀暁嵐**　一七二四―一八〇五。清の大学者。「什」は詩篇(『詩経』の雅と頌との十篇を一巻としたことから)。現在の中国では、ウルムチの人々との交流から生まれた彼の著書『閲微草堂記』に基づいた映画やテレビドラマの制作が盛んで、北京にある「紀暁嵐故居」は観光名所になっている。

〃 **一籌を遜る**　普通は「一籌を輸《しゅ》す」として用い、劣る、負ける、の意。

〃 **己巳**　つちのとみ。明治二(一八六九)年。

〃 **喜多村直寛**　鋤雲の兄(一八〇四―七六)。「栲窓」はその号。

〃 **柳沢信大**　一八三七―九八。中村正直の弟子で『英華辞彙』を著す。書家としても知られた。

一四一 **『鉛筆紀聞』**　箱館勤務中の鋤雲が、通訳として日本滞在中のメルメ・ド・カションにフランスの事情を尋ね、文久元(一八六一)年に編纂したもの。明治二(一八六九)年に刊行。

〃 **礫川**　小石川(東京都文京区)のこと。

一四二 **片言以て訟を断む**　『論語』「顔淵」篇の「片言獄《うったえ》を折《さだ》む」に同じ。『論語集解』に「偏信一言以折獄者、唯子路可也」とある。片方の言い分だけ聞いて裁くことができるのは、子路だけだ。孔子が弟子の子路を褒めた言葉。

〃 **情なき者**　『大学』伝二章によれば、裁判で真実を言わない者は言葉のつじつまを最後まで合わせ通すことができない。

〃 **ナポレヲンコード**　狭義ではナポレオンが一八〇四年に公布したフランス民法典をいうが、ここでは民法、民事訴訟法、商法、刑法、刑事訴訟法の五法を「ナポレオン法典」(Code Napoleon) の通称で呼んだもの。『鉛筆紀聞』によれば鋤雲は函館時代すでにカションから「今の制度一にナポレヲンの所制に遵法せり」と聞いていた。パリ滞在中、鋤雲の手足となって働いた箕作麟祥が、帰国後、『仏蘭西法律書』(明治三―七年)として翻訳している。

一四三 **官府文字**　「官府」は、官庁。法律用語くらいの意にとる。

〃 **岡士**　consul(領事)の当て字。

〃 **フロリヘラルト**　フルーリー・エラール(Fleury Hérard)。慶応元(一八六五)年の遣仏使節柴田剛中の依頼を受けて日本総領事を名乗った銀行家。

〃 **和春**　メルメ・ド・カション。本文六一ページ「カシヲン氏」注参照。

一四四 **児貞**　鋤雲の養子栗本貞次郎。本文四五ページ「栗本貞二郎」注参照。

〃 **佐野栄**　パリ万博出品のため佐賀藩から派遣された佐野栄寿左衛門(のち常民、一八二二―一九〇二)。

〃 **老侯**　佐賀藩主鍋島閑叟(一八一四―七一)。

〃 **瑞穂卯三郎**　江戸の商人瑞穂屋清水卯三郎。シャンゼリゼーに交わる第八区の「アベンユウデモンタンク」(Avenue Montaigne)に居住していたらしい。

一四四　**博覧会社**　一八六七年のパリ万国博覧会のこと(挿図二四九ページ)。

〃　**政庁**　シテ島の裁判所の向かい、右岸側河沿いにある商事裁判所(挿図二四八ページ)。

〃　**絳衣峩冠**　真紅の法服に高い帽子。裁判官の正装。

一四五　**堵の如く**　「堵」は、垣。人が多く集まって垣をきずく。『晋書』「衛伝」の言葉。

〃　**公事師**　江戸時代の代言人。ヘボン『和英語林集成』初版(慶応三年)には「日本では蔑まれた階級」とある。

一四六　**遠山形の……鉄鞘刀を佩べり**　第二帝政から第三共和政にかけての巡査(sergent de ville)の制服を当時の画像によって調べると、一九四ページ上の挿図(左隅の二人)および二一一ページ上の挿図(右側立木の左)のように筒状の「遠山形の帽子」もしくは、いわゆるナポレオン帽に「鉄鞘刀」(サーベル)を佩びた姿が描かれている。

〃　**リウガリレイ**　シャンゼリゼー大通りをエトワル広場手前で西に入ったガリレー街(rue Galilée)。同街には鋤雲以下の外国方の宿舎があったが、フランス外務省の日本関係文書に残る鋤雲の Geofroye 宛て書簡には 30, rue Galilée と自署されており、同所は現在エジプト公使館になっている。三七番地は記憶違いか、それとも従者たちの宿舎だったか。

〃　**悃鷙**　「悃」は、まこと(誠)、「鷙」も、まこと(摯)。誠実。

一四七　**誠愨**　「愨」も、まこと(誠)。

〃　**法公使魯節**　駐日フランス公使レオン・ロッシュ(Léon Roches, 1809-1901)。

一四八　**漢竺渝盟**　「漢竺」は、唐天竺(中国とインド)。「渝盟」は、背く。『春秋左氏伝』「桓元」篇の言葉。

〃　**四十年来の寒威**　『イリュストラシオン』誌の一八六八年一月一一日号は、パリが数日来異常な寒さに襲われ、二十数年ぶりに全面結氷したセーヌに子どもばかりか大どもまでが繰り出して、お祭り騒ぎだと伝えている(挿図二四九ページ)。

〃　**パチネ**　スケート(patiner)のこと。

〃　**細字を書し**　ブーローニュの池では、各国衣装に身を固めたスケーターたちが氷上にソネットを書いてみせたという(『イリュストラシオン』)。

一四九　**九月の久**　鋤雲は慶応三(一八六七)年八月一一日にマルセイユ到着後、同一七日(西暦九月一四日)にスイスのベルンからパリ入りし、翌年四月二六日(同五月一八日)パリを発ってマルセイユへ向かっているから、パリに滞在したのは厳密には八か月ということになる。

〃　**階級**　階段。

〃　**気灯**　ガス灯。

〃　**向山黄村**　外国奉行として鋤雲の前任者向山隼人正(一八二六-九七)。

〃　**気灯の源**　一八五六年にそれまで五つあったガス会社がパリ照明暖房ガス会社に統合され、パリ市郊外の各所に一〇か所以上の工場を持っていた。一八六三年現在で、パリ旧市内とその近郊のすべての道路は、パリ市から独占権を与えられたパリ・ガス会社によって照明されていた。

〃　**石煤**　石炭。

（上） 商事裁判所
（下） 弁護士（ドーミエ画）

（上）1867 年パリ万博会場
（下）「40 年来の寒威」

二五〇 **リウジャコフの客舎**　渋沢栄一『御用日記』から慶応三(一八六七)年一〇月末に到着した留学生一行の「仮住居」が第六区のジャコブ街(rue Jacob)にあったことが知られるが、翌年二月中旬には幕府瓦解の報に接して鋤雲の「御旅館引移之儀」が持ち上がっている。当時のガイドブックによれば、二番地にフランクフルト・ホテル、三二番地にイギリス・ホテルがあったから、そのいずれかと思われる。

〃 **地下の隧道**　パリの下水道の開削は、古くはローマ時代、実質的には一四世紀に遡るといわれる。『レ・ミゼラブル』の有名な場面でジャン・ヴァルジャンがバリケード戦で負傷した青年マリユスを背負って入ったとされる一八三二年当時の総延長は八六キロ余であったが、セーヌ県知事オスマンが街路と同時に上下水道の建設を大々的に推し進めた結果、一八六六年には四四〇キロ余に達していた。

二五一 **市尹**　市長。「尹」は司。

〃 **ホースマン**　オスマン男爵(Georges Eugène, Baron Haussmann, 1809-91)。ナポレオン三世の腹心として一八五三年にセーヌ県知事となり、一七年間の在職中、革命の巣といわれた古い街並みを取り壊し、軍隊や大砲の移動に都合のよい都市改造を強力に推し進めて、「オスマン・パシャ」の異名を取った(挿図二五一ページ)。

〃 **フルバール**　boulevard. 本来は古い城壁を取り壊した跡の環状道路。

〃 **アレキサンドルシーボルト**　一八六二年から七〇年まで在日イギリス公使館の通訳を務めた。

二五二 **二十年の前**　本書の初版は明治二(一八六九)年に出ているから、主に一八四八年の二月革命

（上）古い街並みの取り壊し（第六区レンヌ街）
（下）ソルフェリーノ占拠の図

に代表される労働者の蜂起を指す。

一五三 **アルフトリヨンプ**　Arc de Triomphe で、凱旋門のこと。ガイドブックによれば凱旋門の高さは最上部で四五メートル三三とあるから、実際は約一五丈ということになる。本文五六ページ「アルクドトリヨンプ」注参照。

〃 **象巍**　象魏。「象」は、法律。「魏」(巍)は、高く大きい。法律を宮城の正門に高く掲げたことから、宮城の門。

〃 **石柱**　コンコルド広場に聳えるオベリスク。これまた実際の高さは約八丈。

〃 **パナラマ**　Panorama で、一八六〇年の竣工。本文四八ページ「パノラマ」の注参照。

〃 **伊太利と戦ふの図**　一八五九年六月二四日のソルフェリーノ占拠の図。ナポレオン三世率いるフランス軍とサルディニアの連合軍が、オーストリア軍とガルダ湖南方ソルフェリーノ(北イタリア中央部)に会戦、要塞を占拠した(挿図二五一ページ)。

〃 **昌黎**　唐宋八大家の一人韓愈の封号。

一五四 **三田葆光**　一八二五―一九〇七。渋沢栄一の『御用日記』(慶応三年八月一一日)に、外国奉行栗本安芸守とともに組頭三田伊右衛門がマルセイユに着いたことが記されている。

〃 **蠟人の観**　マダム・タッソウの蠟人形館。本文一一四ページ「蠟細工」の注参照。

〃 **林則徐**　清末の政治家(一七八五―一八五〇)。広東でイギリス人の阿片を焼き捨て阿片戦争の端を開いた。

〃 **ジャルダンデックリマタシュン**　Jardin d'acclimatation. 本文八〇ページ「アックリマタシ

オンの公園」注参照。

〃 **ジャルダントブランド**　植物園(Jardin des Plantes)。本文四七ページ「博物園」注参照。

〃 **硝屋暖窖**　温室。

〃 **ミゼー**　フランス語で musée(博物館・美術館)。

〃 **バーテブロギ**　ブーローニュの森(Bois de Boulogne)。本文四八ページ「ボアドブロン」注参照。

〃 **ビュットサウモン**　ビュット・ショーモン公園(Parc des Buttes Chaumont)。本文六〇ページ「一大公園」注参照。鋤雲は一一月二〇日に行っている。

〃 **芝を劚する**　きのこを採る。

一五 **亭榭**　あずまや。見晴台。

〃 **東台墨堤**　上野の山と、墨田川の堤。ともに花の名所。

〃 **広大の演武場**　ブーローニュの森の西側、ロンシャン競馬場。フランツ・ヨーゼフ帝は、一八六七年一〇月二五日、カンロベール元帥指揮下の兵五万の操練を観閲した(挿図二五五ページ)。

〃 **アンペラトリス**　皇后(impératrice)。スペイン貴族出身のウジェニー・ド・モンティジョ。

〃 **ガルバルヂー**　鋤雲は、イタリア統一運動の驍将ガリバルディ(Garibaldi)がジュネーヴで万国平和大会の開会式に出席して熱狂的な歓迎を受けた一八六七年九月九日、マルセイユからベルンに着いた。同年九月二三日の川勝近江守宛書簡に鋤雲は「其党類一揆相催し此節可

也動乱之由　仏国より昨日軍兵二万伊太利境江打入……」と書き送っている(『川勝家文書』一一ページ)(挿図二五五ページ)。

一五五 **山高郁堂**　御作事奉行格御小姓頭取山高石見守信離《のぶあきら》(一八四二―一九〇七)。徳川昭武の傅役として渡仏。公使が鋤雲に交代すると、傅役を免ぜられて留学生取締りとなる。

一五六 **セバストポル**　ロシア＝トルコ戦争にはじまったクリミヤ戦争(一八五三―五六年)では、トルコ側に参戦した英仏が、一八五四年九月、六万の大軍をクリミヤ半島に上陸させ、一年間に及ぶ包囲戦によって、セバストポル要塞を奪取した。ここではとくにマクマオン麾下のフランス軍によるマラコフ要塞の陥落(一八五五年九月八日)をいう。

〃 **天津の捷**　一八五八年五月二〇日、英仏連合軍が大沽砲台を占領して天津に迫った事件。清仏天津条約が結ばれたのは、六月二七日。

〃 **会津藩の横山主税……共に法国に来り**　会津藩の横山主税・海老名郡治は、伝習生として徳川昭武一行に加わっていた(渋沢栄一『御用日記』慶応三年正月三日および随員氏名)。唐津藩の尾崎俊蔵は、老中小笠原壱岐守の家来。留学のため徳川昭武一行と同船していた(同右、慶応三年正月十一日)。

一五七 **葛屦履霜**　夏の履物(葛で作ったくつ)で霜を履む。倹約の甚だしいことを言う。

〃 **ビスマルク**　ドイツの政治家(一八一五―九八)。プロイセンの首相として一八七一年、ドイツ統一を達成。「鉄血宰相」の名で知られる。

一五八 **ロアンドロイス**　ドルアン・ド・リュイス(Drouyn de Lhuys, 1805-81)。ナポレオン三世の

（上）オーストリア皇帝の閲兵式
（下）ガリバルディに歓呼するジュネーヴの民衆

外務大臣。一八六六年、プロイセンに対しライン左岸に領土補償を求める強硬姿勢のために罷免される。

一五八 **丙寅の年**　慶応二(一八六六)年。

〃 **丁卯の年**　慶応三(一八六七)年。鋤雲は同年九月二三日付の川勝近江守宛書簡に「独逸帝は……昨夜到着相成申候」と書き送っている。

〃 **海軍小校**　海軍大尉。

一五九 **鑾山公子**　徳川昭武(一八五三―一九一〇)のこと。慶応三年八月一三日(西暦九月一〇日)、ベルン滞在中の徳川昭武一行がジュネーヴの時計工場を見学に行った留守に、鋤雲一行はベルンに到着した(渋沢栄一『御用日記』)。

〃 **法王**　ローマ法王ピオ九世。

〃 **巴里の婦女少者……名くるあり**　当時パリ女性の間で流行したのは、ガリバルディ党を模した毛織の赤いジャケットで、「ガリバルディヤンヌ」(Garibaldienne)と呼ばれた。

〃 **年歯五十余**　ドルアン・ド・リュイスは一八〇五年生まれなので、当時六二歳。

〃 **本草会社**　外国産動植物の順化を調査研究することを目的とした帝国動植物順化協会(Société impériale zoologique d'acclimatation)。「医師ガランモン」は同協会で例会担当の補佐をしていた眼科医A・ジレ・ド・グランモン(大系本の松田清氏注による)。

一六〇 **三家の鉅富人あり**　「鉅富人」は大富豪。ユダヤ系の財閥ロスチャイルド家か。「伯」は長兄。「季」は末弟。「仲」は次兄。

一六一 **宗旨の一派**　ユダヤ教徒か。

一六二 **リイブル街天文台**　本文六四ページ「天文台」注参照。

一六三 **弾丸黒子の地**　国土が狭い喩え。

〃 **田辺太一・箕作貞一**　駐仏公使向山隼人正とともに徳川昭武に随行した幕臣。田辺は帰国後『幕末外交談』を著し、箕作貞一郎(麟祥)は『仏蘭西法律書』を翻訳する。

〃 **其器を……其技を受しむ**　現在のファックスを思わせるこの機器を松田清氏は大系本注に、イタリア人ジョヴァンニ・カセッリが一八五六年に発明した画像転送用電信機パンテレグラフかと推定している。

一六四 **ロニー**　レオン・ド・ロニー。鋤雲が住んだジャコブ通りとサン・ジェルマン通りの間のラベー通り(3, rue de l'Abbaye)に住んでいた。本文五八ページ「路尼氏」注参照。

一六六 **陳眉公の陶説**　明の陳継儒が編纂した『眉公訂正秘笈』に収められる「琰瓶史」「鼎録」「古奇器録」等をいうか。「陶説」としては、『四庫全書』に収められる清の朱の著がある。

〃 **箱館七重村の官園**　鋤雲が函館市対岸の七重村に開いた薬草園。『匏菴遺稿』に「七重村薬園起源」がある。

一六七 **メモリヤルと名くる新聞紙**　一八五九年創刊の週刊『ル・メモリアル・ディプロマティック』(*le Mémorial diplomatique*)か(大系本の松田清氏注による)。

〃 **必ず酒舗に於てし**　鋤雲らの「外国向役々」は、おそらく、パリへ向けてベルンを出立する前日の八月一四日、「ホテルデヨウロッパ」で催された大統領主催の夜餐に招待されている

（渋沢栄一『御用日記』）。

一六七　**今の法帝**　ナポレオン三世。

一六八　**一箇独立不羈の国**　ベルギーは一八三〇年、フランスの七月革命に触発されてオランダからの独立を宣言、翌年のロンドン会議で批准された。

〃　**支那・印度を距りて西数十日程**　鋤雲の乗ったマルセイユ行きフランス郵船は、セイロン島を出たあと、アデンから紅海に入ったが、スエズ運河がまだ開通していなかったので、スエズからアレクサンドリアへ汽車で出ていた。

一七〇　**ナポレヲンの墳**　Tombeau de l'Empereur.　本文五九ページ「拿破侖第一世帝の廟」注参照。

〃　**養老院**　廃兵院（Hôtel des Invalides）。本文五九ページ「老兵院」注参照。

〃　**道路を洒掃すること**　道路清掃維持の費用は、国とパリ市の折半で行われていた。

〃　**市街の道路**　当時車道は舗石およびバラスで、歩道はアスファルト（bitume）で舗装されていた。

〃　**三和土**　通常石灰、赤土等でつき固めた叩き土をいうが、ここではアスファルト舗装。

一七一　**燕丹の事**　燕の太子丹が秦の始皇帝に刺客を放とうとしたときに、白色の虹が太陽の面を突き通す異変が起こったという故事（『史記』「鄒陽伝」）。

〃　**繒繳**　糸を付け、射た鳥が絡まるようにした矢。

一七三　**ベカス**　やましぎ（bécasse）。沼沢地に住む渡り鳥で、肉が珍重される。

〃　**巴里に市兵あり**　二五歳から五〇歳までの市民で、パリの治安維持に当たった在地国民軍

（上）スエズ運河の説明をするレセップス
（下）再建成ったオテル・ディウ病院

(Garde nationale sédentaire)。郊外を含め、歩騎兵合わせて四万人。

一七二 **座作戟刺**　調練、軍事演習。

一七三 **牢獄五所あり**　一八七二年版ジョアンヌ・ガイド『パリ』ではパリの牢獄は九か所とされ、「陸軍牢」は軍法会議所(rue du Cherche-Midi と rue du Regard の角)の向かいにあった陸軍刑務所(maison d'arrêt et de correction militaire)を、「未定罪牢」はコンシェルジュリー(裁判所内)を、「確定罪牢」はリオン駅の前にあったマザス監獄(23, boulevard Mazas)を、「婦人牢」「密売女牢」は東駅近くのサン・ラザール監獄(107, Fauboug Saint Denis)を指すものと思われるが、ほかにも軽罪人を収監するサント・ペラジー監獄、重罪人を一時収監するロケット監獄等があった。

一七四 **議政堂の開筵**　ナポレオン三世は毎年一、二月ごろと一一月ごろに立法院の開院演説を行っているが、病のため聴けなかったというのは一八六七年一一月一八日(陰暦一〇月二三日)の演説であろう。鋤雲は翌日痔疾の手術を受けている。

〃 **班**　同等の身分の者が占める席。

〃 **ガランドホテル**　キャピュシーヌ大通りオペラ座前に現存するグランドホテル(le Grand Hôtel de la Paix)。本文四四ページ「カプシンヌ街のグランドホテル」注参照。

〃 **ホテルデリーブル**　ルーヴル宮前、パレ・ロワイアル広場のルーヴル・ホテル(Hôtel du Louvre)。

一七五 **劇場亦十数座**　当時のガイドブックでは、右岸のコメディー・フランセーズ、左岸のオデオン座をはじめ、ブルヴァールの小劇場まで入れると四〇座近くを数える。

〃　**ガランヲペラ**　オペラ座は一八六一年、シャルル・ガルニエの設計により起工され、当時もなお建設続行中だった。本文八四ページ「オペラの演劇」注参照。

〃　**旁近至盛の病院あり**　シテ島にあった中世以来の病院「オテル・ディウ」(Hôtel-Dieu)がオペラ座の建設と並行して、ノトルダム前広場の北側に当時再建中だった(挿図二五九ページ)。

〃　**検屍場**　シテ島の東端にあり、セーヌ河の溺死者やパリ警視庁管内の変死者を収容する。一八六四年に三七六遺体(うち女五八、男三一八)を収容したという。本文七二ページ「一館あり」注参照。

〃　**動産公売場**　ロッシーニ街を挟んで、旧オペラ座の斜向かい、ドゥルオー街の角にある動産公売所(Hôtel des ventes mobilières, 18, rue Rossini)。絵画の競売で有名なオテル・ドゥルオー(Hôtel Drouot)のこと。二一五ページ上の挿図「旧オペラ座」左脇のロッシーニ街奥、ドゥルオー街との左角。

一六　**謹み**　慎重に扱って、ゆるがせにしないこと。

〃　**畚鍤の業**　土木業。土木工事。

〃　**遂に是を滅せり**　ロシア・プロシア・オーストリア三国によるポーランド分割。

一七　**刀匙**　ナイフとスプーン。

〃　**丁卯の年**　一八六七年。

〃　**逆取順守**　道理に逆らって取り、道理に従って守る。『史記』「陸賈伝」の言葉。

〃　**六旬**　六十歳。

一七八　**塡咽**　「塡」も「咽」も、塞がる。

〃　**来蘇**　君主がやってきて、人民が蘇生する思いがすること。

〃　**墨士哥マキシメリヤンの挙**　オーストリア皇帝の弟フェルディナンド・ヨーゼフ大公が、一八六四年、フランス皇帝ナポレオン三世の指名によりマキシミリアン一世としてメキシコ皇帝に即位したこと。

〃　**衆遂にマキシメリヤンを殺す**　本文にもあるように、フランス軍に見放されたマクシミリアンは、前大統領フアレス率いるゲリラ軍に捕らえられて銃殺された。共和主義者マネは、この事件にショックを受けて「マクシミリアンの処刑」(一八六七)を描いている。

一七九　**朝盟会同の局を翻し**　各国元首の参加の機運を巻き起こし。

〃　**悦目怡心**　「悦」も「怡」も、よろこばす。

〃　**右族**　古代は右を尊んだことから、貴族。

一八〇　**物望**　人望、名望。

〃　**王侯相将、寧ぞ種有らんや**　王侯や宰相、将軍になるのに、氏素性は関係ない。『史記』「陳渉世家」篇のことば。原文の「寧ろ」を「寧ぞ」と訂した。

《解説》
# 柳北と鋤雲のパリを歩く

最近公刊された新日本古典文学大系の明治編5『海外見聞集』と平行して本書の企画が起こったのは、今からたしか一五、六年も前のことだった。一九九五(平成七)年夏にドイツのミュンスターで世界一八世紀学会があったのを機に渡仏して、パリに半月、イタリア諸都市とロンドン周辺に各一週間ほどかけて柳北と鋤雲の跡を追ってはきたものの、その後、これといった動きがないまま時が打ち過ぎて、近年ではこの企画はもう時効になったくらいに思っていた。それがこの夏、寝耳に水の電話でにわかに再浮上したのには面食らったが、さいわい当時の手控えやコピー類の束が埃をかぶった引越し荷物の中から出て来たので、おっとり刀ながら校注作業を再開することができた。

最近の一五、六年間に外国人を含む新しい研究者の登場や、とりわけ大系本で両著を担当された各位のご尽力により、柳北が約四か月のパリ滞在中に次から次へとよくも交わった無慮六十余人の人物の氏素性や、鋤雲のパリ滞在の背景がずいぶん明らかになり、従来手薄だったこの分野の研究の進歩には目覚しいものがある。したがって、この渺たる小冊子をもって最新の研究成果を集大成した大系本の塁を摩そうとするのは、イソップの蛙が牛の真似をするに等しいから、本書では〈研究〉はひとまず措いて「略伝」をもってこれに代え、パリ市内をもっぱら〈歩く〉ことにした。

すなわち、柳北・鋤雲の両者が市内に残した足跡を辿って逐一現場に立ち、当時のガイドブックや新聞雑誌の挿絵・写真から、第二帝政期にはじまった大改造がまだ続いていたパリを両者がどのように見ていたかを偲ぶことにしたのである。パリには東京とちがって、当時の建物や街並みがかなり残っているので、読者各位が本書を手に市内を歩かれ(もしくは地図上に辿られて)、なにげなく見過しがちな街角に一五〇年前の面影を偲んでいただけるならば、校注者にとってこれ以上の喜びはない。

柳北は一八七三(改暦明治六)年二月一七日にベルギー、オランダ方面へ赴く岩倉使節団を北駅に送った後、三月一六日にパリを発ってイタリア旅行の途に上り、トリノ、ミラノ、ヴェネチア、フィレンツェ、ローマ、ナポリ、ポンペイの諸都市を巡遊した後、四月七日、いったんパリに戻り、同二七日渡英してロンドンとその周辺を探訪した後、翌五月二二日、アメリカに向けてリヴァプール港を出航している。本書のイタリア篇、イギリス篇(アメリカ篇の原本は失われた)についてもパリ篇と同じく、できるかぎり現地を踏んで確認することを旨としたが、なにしろ柳北が三週間あまりかけて漫遊した跡を、それぞれ一週間ほどで駆け巡って一々突き止めねばならなかったため(イタリアでは各都市一日、ローマとナポリ・ポンペイに二日)、ローマ郊外の「カヨセスチユスのピラミーデ」「サンパヲロの寺」(一〇五頁)、ロンドン北郊の「シティ、ヲフプリゾン(牢獄)」(一二七頁)やリヴァプール(一三一頁以下)のように校注者の足の及ばなかった箇所もある。今後イタリアやロンドンに旅される読者各位が、少し足を延ばしてこれらの地を探索して下さることを期待するとともに、本書が読者各位にとって、もう一冊の〈パリ案内〉であるにとどまらず、イタリア、ロンドンの〈もう一冊〉ともなってくれれば、と切に思う。

幕府最後の慶応四(一八六八)年、騎兵頭を経て外国奉行、会計副総裁の要職に就いていた成島柳北は、維新後は向島須崎村に隠棲、東本願寺の法主現如上人(大谷光瑩《こうえい》)が浅草本願寺内に設けた学舎に迎えられていたが、本文冒頭にあるように、明治五年八月、上人から宗教事情視察の旅への随行をにわかにもちかけられた。出発を洋学の師箕作《みつくり》秋坪《しゅうへい》以外、妻にも友人知己にも秘した理由は定かではないが、同年九月一二日午前、諸般の準備のため一行に先発して横浜に赴いた。この日はあたかも、〈汽笛一声〉の鉄道が新橋＝横浜間に全通して、一〇輛連結のお召し列車が午前一〇時に新橋を出発、一一時に横浜に到着しているので（『太政官日誌』第七五号）、もしや…と思いたいところだが、同行者の一人、大谷派の僧侶松本白華が柳北の漢文原稿を筆記した「航海録」に「馬車にて横湾に赴いた」とあって、これには納得せざるを得ない。翌九月一三日、慶応二年に開設されたフランス郵船の支線香港＝横浜間に就航していたゴダヴェリー号(Godavéry)に搭じて出帆するのだが、横浜では忙しかったのか、香港に着いた二〇日になってフランス人医師に「郷書」を託している次第だから、〈失踪〉から半月あまりしてこれを受け取った妻子は、安堵の胸を撫で下ろしたか、それとも呆れ果てたか。

香港で上海から来た大型船メコン号(Meikong)に乗り換えた柳北は漢詩を吟じて船中の無聊を慰めつつ、サイゴン、シンガポール、セイロン島南端のポワント・ド・ガル(Pointe de Galle)、アデンに寄港し、鋤雲の頃にはまだ工事中だったスエズ運河（開通は明治二年）を通過して、一〇月二八日、マルセイユに着いた。

フランスの地を踏んで始めての宿舎は、港からまっすぐ北上するカヌビリエール通り先の「グランドホテル」(Grand Hôtel du Louvre et de la Paix)。その「宏麗」ぶりには一驚を喫したが、一一月一日パリに着いて、キャピュシーヌ大通りで、建設中の新オペラ座と並ぶ元祖「グランドホテル」に入ったときには、マルセイユのホテルのごときは、もはやものの数ではなかった。ただし「世界第一の逆旅《げきりょ》」だけあって、なにかと出費も嵩《かさ》むので、二晩で飛び出し、キャピュシーヌ大通りから続くイタリアン大通りを左折したラフィット街(20, rue Laffitte)の「ホテルドロールビロン」(Hôtel du Lord Byron)に移ってみると、そこははやくも日本人旅行客のたまり場になっていた。ここを活動の第一拠点とすると、本国からの電報で改暦した一二月二四日(陰暦では一一月二四日)、左岸「コルネル街の逆旅」(Hôtel Corneille, 5, rue Corneille)に移るまでの二二日間と、イタリア旅行から帰来後、明治六年四月二三日から、同二七日イギリスに発つまでの四日間、計二六日間滞在した。

第二の拠点たるコルネイユ・ホテル(西園寺公望や、春ごろには中江兆民もいたかもしれない)では、六年三月一六日、イタリア旅行に発つまでの八二日間と、イタリアから帰った四月七日から同二三日、ロンドン行きを控えて第一拠点へ戻るまでの一六日間の計九八日間の長逗留になった。一番の盛り場だった右岸のオペラ座界隈にくらべて、宿の真ん前がオデオン座の横壁、左手奥がリュクサンブール公園の緑という、ひっそり閑としたカルチエ・ラタンの生活が三倍以上も長かったというのは、ちょっと意外である。

柳北はパリ滞在中を通じてこの二つの拠点から、同行の松本白華や折からパリ滞在中の岩倉使節団員を誘い出して、連日市内各所へ〈出撃〉し、あるいは汽車を利用してサン・ジェルマン・アン・レイ、ヴェルサイユ、セーヴルへと遠出をするのであるが、各種劇場、キャバレー、見せ物、サーカス、公園、レストラン、カフェのほか、造幣局、牢獄、裁判所などの〈お堅い〉施設まで〈何でもみてやろう〉式に見て廻る好奇心と行動力、それになによりも、何か月にもわたって一日の空白もなく、その日見たこと、感じたことを宿に戻ってから逐一克明に書き留める強靭な精神力、これには脱帽のほかはない。それがどんなに大変なことか、誰でも旅先でやってみればわかることである。

ところで、『柳橋新誌』の著者がラフィット街に宿をとったことは、偶然だったばかりとも思えない。イタリアン大通りからラフィット街に入ると、突き当たりにノトルダム・ド・ロレット教会(Église Notre Dame de Lorette)の列柱(と、その上に当時はまだなかったサクレクール寺院の白いドーム)が目に入るが、この教会一帯は一本足で立っている姿から“grue”(=鶴)と俗称される〈ロレット娘〉(lorette)の原産地だった。その筋の記事は、ラフィット街に落ち着いた一週間後、イタリアン大通りの有名割烹店「カフェ・アングレー」(Café Anglais)で一飲した後、「酔に乗じて安暮阿須街《アンボアス》の娼楼に遊ぶ。亦是れ鴻爪泥《こうそうでい》のみ」とあるのが最初に見つかるが(四八頁)、フォリー・ベルジェールの終演後(といえば、真夜中ごろ)、ボヴァリー夫人と同名の「エマ氏」(Emma)を「ホンテーヌ十三号の家に訪ふ」とあるのも(八一頁)、フォリーのあるリシェ街からフォブール・モンマルトル街に入れば、フォンテーヌ街(13, rue Fontaine)はロレット教会の脇を抜けて一本道である。

左岸のコルネイユ・ホテルに移って二日目の改暦一二月二六日、「本日より女教師ラグラン来たり、諸子に英語を授く。余も亦就て学ぶ」とある記事をこれまで大して気にもとめなかったが、このラグラン女史、柳北らが明治六年三月一二日、イタリア旅行に発つため受講をやめるまで、とくに寒かったこの冬の「霏々《ひひ》」として雪の降るような日でも、数えてみるとなんと五四回も通って来ている。わけても注目すべきは、三〇回目の二月一一日に「此日より英学の余暇、仏の文典を読む」とあることである(七四頁)。こうして英仏両語を一冬みっちり学んだ成果が、イタリア国境の町バルドネッキア(Bardonecchia)をフランス語風に「セバルドネシヤ」(C'est Bardonèche)と聞き誤らせ、フィレンツェに着いて「此地は仏語に通ずる人稀れにて、頗る不便を覚ふ」と不満を洩らさせるのである(九六頁)。

柳北は、イタリアで新しい都市へ着くたびにその都市への表敬訪問、ないしは民情査察を行うかのごとくに登楼し、別離に臨んで再び登楼するほどだが、船の中からすでに何人かのオランダ人と一夕「歓晤《かんご》」したり(一二四頁)、「コイツの戯を為」していたくらいだから(二〇頁)、ひるがえって考えれば、柳橋で三千両蕩尽して鍛えた交渉力とパリで磨きをかけた語学力とが相俟って、「航西日乗」全体の叙述を身をもって見、かつ聞いた事柄の記録として躍如たるものにしているのだろう。

一方、栗本鋤雲が慶応三(一八六七)年六月、幕命を受けて急遽フランスへ遣わされたときは、とうてい柳北が現如上人から声をかけられたときのように欣喜雀躍、手の舞い足の蹈《ふ》むところを知らず、といった風にはまいらなかった。

もともと鋤雲は、左遷された先の箱館で、一筋縄ではいかない移住諸士連を束ねた功により医籍から士籍に移されて、文久二(一八六二)年、箱館奉行支配組頭に取立てられ、翌三年、突如江戸へ呼び返されて、これまた厄介者の幕府新徴組の統括を命じられたかと思うと(さいわいこの役は赴任途中別人にとって代わられた)、元治元(一八六四)年、英仏国民がすでに居留していた横浜の鎖港談判委員を仰せ付かるといった、さしずめ〈無理難題一手引き受け人〉といった経歴を踏んできた身である。それだけ幕閣から頼られる存在だったともいえるが、この時も、将軍の名代としてパリ万博に参加した徳川昭武民部公子を取り巻く外国奉行兼駐仏公使向山一履(隼人正)、傅役《もりやく》山高石見守らが、一行に同行したイギリス公使館付き通弁官A・フォン・シーボルト(有名なシーボルトの息)の画策などで、反仏親英論に傾いてしまったのを幕府本来の親仏論に引き戻すための渡仏であり、外国奉行のほか勘定奉行格、箱館奉行兼帯という重責を帯びていた。

将軍のナポレオン三世宛親書を携えて神戸から出帆したのは慶応三年五月一二日(西暦六月一四日)(『徳川慶喜公伝』史料篇三)。八月一一日(同九月八日)マルセイユに着いてみると(『徳川昭武滞欧記録』第二)、公子一行はすでに各国巡回の旅に上っていたため、一行とは翌日スイスのベルンで合流し、ヌーシャテルの電信工場で本書一六三頁にも登場する「新発明の字面摺出し」機器を見学してから、一七日パリに着いた(同右)。凱旋門外の第一六区ペルゴレーズ街五三番地(53, rue Pergolèse)の公子宿舎に旅装を解いたものと思われるが、渋沢栄一は外国方の向山と鋤雲は「他所に転居」したとし(『渋沢栄一伝記資料』第一巻)、「向山隼人正旅宿カリレー」、「外国局旅宿カリレー」と「安芸守(御)

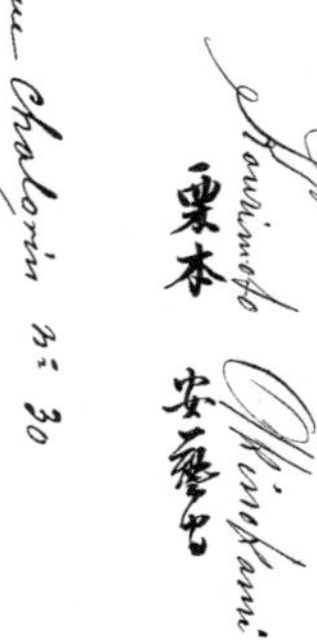

栗本安芸守の署名
(rue Chalgrin, No. 30)

旅宿」とを区別しているから(渋沢栄一『巴里御在館日記』)、それぞれ、「ポリス」に関連して本文(一四六頁)に出てくる「旅舎リウガリレイ三十七番」(フランス外務省日本関係資料中の鋤雲書簡では三十番地。「三十七番」は記憶違いか、それとも従者たちの宿舎だったか)と、鋤雲自身が外務省当局者と思しき Geofroye なる人物に宛てた書簡に自署する第一六区「シャルグラン街三十番地」(rue Chalgrin, No. 30)であったろう。

柳北が旅行者＝短期滞在者として右岸、左岸のホテルを拠点として、徒歩で、辻馬車で、あるいはオムニビュス(omnibus)と呼ばれる二階建ての乗合馬車で(その半額一五サンチームの二階席に乗ってパリの街を眺めてみたかった)、貪欲果敢にパリ市内外を見て廻ったとすれば、鋤雲の場合は幕府瓦解の後始末をつけて、慶応四年四月二六日(西暦五月一八日)リヨン駅から帰国の途につくまで八か月余の居住者＝長期滞在者として、パリをいわば定点観測したものといえよう。柳北の場合のように二つの拠点を挙げるとすれば、上記シャルグラン街の宿舎と、本文一五〇頁にいう「リウジャコフの客舎」(左岸第六区

rue Jacob)に分けることができる。

主君たる民部公子に仕える駐仏公使の身として、日頃はシャルグラン街からペルゴレーズ街へ随時出勤したものと考えられるが、今回本文校正の間隙を縫って現地を訪れてみて驚いた。幕府衰えたりといえども将軍の舎弟たる者の宿舎は、正面入口の左右壁面に人面彫刻を施した高層の大邸宅だった。シャンゼリゼーから続くグランダルメー大通り(Avenue de la Grande Armée)を凱旋門からかなり歩き、ペルゴレーズ街を左折して、さらに凱旋門に発するフォッシュ大通り(当時はアンペラトリス大通り)近くまで進んだところにあるこの邸宅は、公子の教育掛りが市街地の喧騒と隔絶した閑静な地区として選んだものに相違なく、中庭を挟んで裏道に当たるフォッシュ大通りまで続いていたという。一八六七年の万博記念地図を検すると、邸宅の前はおそらく家も街路もない原野で、城壁(現在のアミラル・ブリュイ大通り)を隔てて直にブーローニュの森に臨んでいた。

シャルグラン街の宿舎も公使公邸と呼ぶにふさわしい堂々たるたたずまいだが、鋤雲は出勤時に矩《かね》の手状の道を左折して現フォッシュ大通りに出、当時からのものと思しき蜿蜒たる鉄の黒塀沿いに行って公子邸裏口から入るか、マラコフ大通りの角でローラン・ピシャ街と名を変えたベレーム街(rue Belleyme)を抜けてペルゴレーズ街の正面入口へ廻ったものと思われる。この経路は、鋤雲が「反仏コンペニー」と呼んだ向山・山高らとの日々のせめぎ合いをしばし忘れさせてくれる散策路、パリの季節の移ろいを感じたり、風物に思いを馳せたりできるくつろぎの場でもあったろう。

巻末索引に示したとおり、鋤雲も柳北と同じくパリ市内の劇場、公園、裁判所等を巡っているが、多くの場合それは、公子の馬車に陪乗するか、専用馬車で扈従《こじゅう》してであったから(当時四千両の禄を食《は》んでいた)、おのずから国家・都市の経営に任ずる幕府重臣としての目が働いていたに相違ない。端的にいえば、鋤雲はナポレオン法典の運用の仕組みや裁判・警察制度、オスマンによる都市改造など、パリの施設・制度がいかに作られているかに着目し、柳北は作られた施設・制度を最大限に享受したものといえよう。

柳北がヴァンセンヌの森で「亭に児女の書を読む有り。年十歳計《ばか》り、其の美なる玉の如し。後来一尤物《いちゆうぶつ》たる想う可し」と美少女を目ざとく見つけ(七四頁)、イタリア旅行の帰りに立ち寄ったトリノでも「矮小なる書肆に少女の絶美なる有り。欧洲漫遊中未だ見ざる所なり」(一一二頁)と見とれているのに対し、鋤雲が各国政治家を論ずる中で、女性服に流行の「布帛の染色茶褐にして微黒を帯ぶる」「ビスマルク」色に注目し(一五八頁)、パリ女性の間のガリバルディ人気の一例として「巴里の婦女少者戴く所の帽にガルバルヂーと名《なづ》くるあり」と述べているのも(一五九頁)、両者の関心の在《あ》り所《か》を示すかに見えて興味深い。

第一拠点たるシャルグラン街の宿舎が豪奢であっただけに、第二拠点たる第六区ジャコブ街でにわかにホテル住まいになるのは、慶応四年二月一四日(西暦三月七日)、オーストリア公使館から「御国御政体御変革」についての問い合わせがあったのに即応して、同一七日、鋤雲が「旅館引移之儀」を申し出て「暫時見合」になった事態に対応するものであろう(渋沢『巴里御在館日記』)。それにしても都市ガスが照明のみならず、暖房にも利用できるとして「現に予リウジャコフの客舎に寓する日、食室中に設《もう》くるを見たり」とだけ、何事もなかったかのように淡々と述べているところが、いかにも奥床しい。

鋤雲はほとんどパリに留まったまま、普仏戦争の帰趨を待たずして既にプロイセンの国力がフランスを凌駕することを看破しているように(一五七―一五八頁)、箕作貞一郎(麟祥)、田辺太一らの信頼できる部下の報告や新聞報道に基づいて欧州各国の景況を的確に観察する一方、フランスで「暁窓追録」を耽読した島崎藤村が小説『夜明け前』第四章で喜多村瑞見のモデルとした元幕府奥詰医師・六世栗本瑞見たる面目が躍如としてい

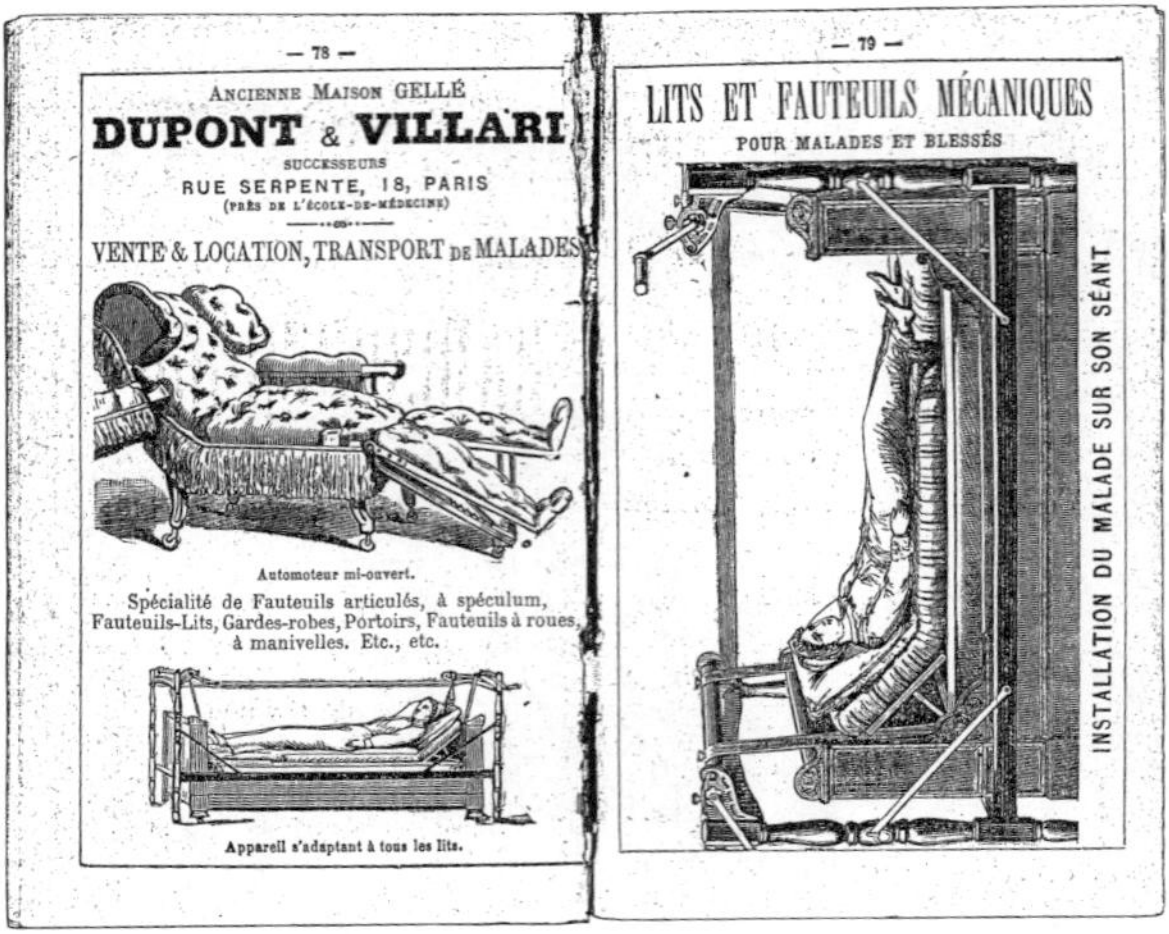


るのは、市内で見かけた身体障害者に触れて、「予、外に出る毎《ごと》に必らず見ざること無し。或云《あるひという》、是れ医に良工多き所以《ゆえん》なり。此輩、短折夭殤《ようしょう》せずして能《よ》く天然を全《まった》くするを得ること、東方の得難き所なりと」と述べるくだりである（一六九頁）。調べてみれば、フランスの著名な医療機器メーカー、デュポン・メディカル社(Dupont Médical)は一八五〇年代末からすでに操業しており、岩倉使節団員が持ち帰った英語版のパリ案内(Adolphe Joanne, *The Diamond Guide for the Stranger in Paris*, Hachette, London, 1872)にも上掲のような車椅子その

他の広告が載っていた。今回車椅子を押してパリの街を歩いてきた者として、鋤雲が一五〇年前から障害者医療の必要を唱えていたことに感慨深いものを覚えるが、フランスは当時既に障害者に寛容な社会になっていたのであろう。時が移り、体制が変わっても、パリの人々は、街でも、バスの中でも、車椅子に優しかった。

幕末維新期は、フランス絵画では印象派がようやく台頭しようとする時代に当たり、モネやルノワールが一八七四年の第一回展に出品する絵を描いている現場に鋤雲や柳北が行き合わせたとしても不思議ではない。例えばマネの「万国博風景」、モネの「キャピュシーヌ大通り風景」や「サン・ラザール駅」、ルノワールの「ポン・ヌフ風景」や「ムーラン・ド・ラ・ガレットの舞踏会」など、読者各位において、これらの絵を念頭に、もしくは画集を座右にお読みいただければ幸いである。

図版の収録に関しては、アシェット書店の Annie Halle-Halle 女史と貴重な写真原版を蔵するパリ市立歴史図書館の Carole Gascard 女史を煩わせた。

最後になるが、本書に先立って刊行された上記『海外見聞集』の詳細な注・解説も、終始参考にさせていただいた。担当各位に厚く御礼申し上げる。

二〇〇九年九月下浣

井田進也

# 略年譜（年齢は数え年）

## 成島柳北

**天保八（一八三七）年**　一歳

二月一六日、奥儒者成島稼堂の子として浅草御厩河岸の自邸に生まれる。幼名甲子麿、のち甲子太郎。号は柳北。成島家は代々将軍の侍講、『徳川実紀』の編纂を業とする家柄で、柳北はその八代目。

**安政元（一八五四）年**　一八歳

一月、奥詰南番格（奥儒者見習）となり、一四代将軍家茂に近侍。二月、父稼堂の死去を公表し、家督を相続。

**安政三（一八五六）年**　二〇歳

冬、侍講となる。

**安政六（一八五九）年**　二三歳

九月から『柳橋新誌』を執筆（一〇月了）。

**慶応元（一八六五）年**　二九歳

一月、『伊都万底草』四巻のうち、一、二巻を校了。一二月、フランス騎兵伝習を建言。
同月、横浜兵営築造掛・騎兵頭並を拝命し兼任。横浜に移住。

**慶応二(一八六六)年**　三〇歳

この年、フランス式練兵指導者シャノアンと親交を結ぶ。

**慶応三(一八六七)年**　三一歳

五月、騎兵頭に昇進。一二月、病のため御役御免となる。

**慶応四・明治元(一八六八)年**　三二歳

一月、外国奉行。同月、会計副総裁。四月、江戸城陥落、会計副総裁を免ぜられる。

**明治二(一八六九)年**　三三歳

四月、隠居を届出。向島須崎村、松菊荘に移住。濹上漁史と号し、家督を相続。

**明治三(一八七〇)年**　三四歳

三月、下総旅行。この年、左院(翌年に設置される立法議院)議員に徴せられるが、辞退。
浅草本願寺内に学舎を設ける。

**明治五(一八七二)年**　三六歳

九月、本願寺現如上人に随行して、ヨーロッパに出発(翌年七月、アメリカ経由で帰国)。

**明治七(一八七四)年**　三八歳

二月、『柳橋新誌』二編を刊行。四月、『柳橋新誌』初編を刊行。九月、『公文通誌』社主

乙部鼎に請われ、社長に就任と同時に『朝野新聞』と改めて自らも執筆。

**明治八(一八七五)年**　三九歳

六月、新聞紙条例・讒謗律公布。同条例制定を『朝野新聞』紙上で攻撃、八月に「辟易之賦」、一〇月に「後辟易之賦」を発表、新聞紙条例違反で自宅禁錮五日間に処せられる。

**明治九(一八七六)年**　四〇歳

二月、司法官井上毅・尾崎三良の両者を誹謗、禁獄四か月、科料一〇〇円。鍛冶橋監獄に下獄。三月、獄内で『禁獄絵入都々一新聞』を発行。六月、出獄。浅草観音堂で、東京・横浜一八社の新聞雑誌供養を開催、祭文を朗読。

**明治一〇(一八七七)年**　四一歳

一月四日、『花月新誌』を創刊(明治一七年一〇月三一日一五五号で廃刊)。二月西南戦争に従軍記者と称して京都に趣く。

**明治一一(一八七八)年**　四二歳

五月、『朝野新聞』で紀尾井町暗殺事件を報道、五日間発行停止。この年、『溺寧叢談』を創刊。

**明治一四(一八八一)年**　四五歳

一一月、『花月新誌』一一八号に「航西日乗」を連載開始(一五三号まで)。

**明治一五(一八八二)年**　四六歳

三月、立憲改進党結党と同時に入党。

**明治一七(一八八四)年**　四八歳

一一月三〇日、須崎村の自宅で病没。本所押上村本法寺に葬られる。

栗本鋤雲

**文政五(一八二二)年**　一歳

三月、幕府の医官喜多村槐園の子として江戸神田猿楽町に生まれる。初め哲三と称し、後、瑞見、さらに弥兵衛と改める。号は化鵬、鋤雲。幕政に参画してからは安芸守。

**文政一三(一八三〇)年**　九歳

この頃から約九年間、年に一、二回吐血、病癒えず。

**天保九(一八三八)年**　一七歳

病癒えて儒者安積艮斎の塾舎で儒学を修め、後、昌平黌に入り、佐藤一斎に師事。

**天保一四(一八四三)年**　二二歳

黌試甲科を通過し白銀十五錠を受けるも、黌規に触れて退学処分となり、佐藤一斎のもとで学ぶ。

**弘化二(一八四五)年**　二四歳

下谷六軒町に家塾を開く。

**嘉永元(一八四八)年**　二七歳

幕府奥詰医官栗本氏を嗣ぎ、六世栗本瑞見と称する。

**嘉永三(一八五〇)年**　二九歳

曲直瀬養安院で医学を学び、幕府内班侍医となる。

**嘉永五(一八五二)年**　三一歳

オランダから幕府に寄贈された汽船の幕府試乗者が募集された際、これに応募、時の御匙法印(医官長)岡櫟仙院の譴責を受け、侍医を逐われる。

**安政五(一八五八)年**　三七歳

六月、一家で箱館に移住、以後六年間居住。この間、薬園経営、医学所の設立、綿羊の放牧、疎水、養蚕などに従事。

**安政六(一八五九)年**　三八歳

市内の医師の協議により、町学校に招聘され、医書を講じる。箱館滞在中のフランス人メルメ・ド・カションと知り合い、日本語を教える。

**文久二(一八六二)年**　四一歳

幕府の特命を受け、医籍を士籍に改め、箱館奉行所詰となる。

**文久三(一八六三)年**　四二歳

幕府の召還命令を受けるも、前年七月以来エトロフ、クナシリに渡っていて不在。九月、箱館に帰還。一〇月、幕府新徴組を統括すべく、突然江戸に召還されるも、同組はすでに別人に任されていたため、学問所詰となる。上士に進み、石高七〇〇石。

**元治元(一八六四)年**　四三歳

六月、目付となる。七月、監察となり、外国奉行竹本淡路守らとともに鎖港談判委員として折衝にあたり、和議成立。冬、横浜詰となり、横須賀造船所建設草案作成、軍艦翔鶴丸の修理と八丈島巡視、フランス式陸軍の伝習を行う。横須賀製鉄掛となり、造船所竣成。

**慶応元(一八六五)年**　四四歳

江戸に帰還、軍艦奉行となる。仏国語学所を開設。安芸守となる。一〇月、兵庫港前期開港談判の任に当たる。一一月、外国奉行。この年、高輪英国公使館建設掛、横浜山下兵営地所談判掛を歴任。

**慶応二(一八六六)年**　四五歳

一月、京都より外国奉行を免ぜられたが、一一月、再び外国奉行に任ぜられる。

**慶応三(一八六七)年**　四六歳

六月、箱館奉行を免ぜられて、勘定奉行格に進む。急遽フランス行きを命ぜられて、六月中に出発。パリでメルメ・カション、レオン・ド・ロニーからフランス人傭兵による薩長討伐の謀議を受けるが、拒絶。

**慶応四・明治元(一八六八)年**　四七歳
五月、幕府瓦解により帰国。職を辞し帰農。
**明治二(一八六九)年**　四八歳
三月、『匏菴十種　鉛筆紀聞・暁窓追録』を刊行。
**明治五(一八七二)年**　五一歳
東京毎日新聞に入社。
**明治七(一八七四)年**　五三歳
五月、報知新聞社に入社、主筆としてもっぱら文芸欄を担当(明治一八年辞職)。
**明治一一(一八七八)年**　五七歳
一月、改通新聞に入社、編集に従事。この年、東京学士会員。本所二葉町に転居、借紅園と命名。
**明治一二(一八七九)年**　五八歳
この年、本所区会議長、翌年、交詢社常議員に選ばれる。
**明治二五(一八九二)年**　七一歳
三月、『匏菴十種』を報知社より刊行。
**明治三〇(一八九七)年**　七六歳
本所北二葉町の自宅で死去。小石川大塚の善心寺に葬られる。

# 索　引

柳北・鋤雲が共通して記述している人名・事項をあげた.
（　）内は本文中の表記. イタリック数字は「暁窓追録」.

幕末維新《ばくまついしん》パリ見聞記《けんぶんき》
—成島柳北「航西日乗」・栗本鋤雲「暁窓追録」

2009年10月16日　第1刷発行
2021年7月13日　第4刷発行

校注者　井田進也《いだしんや》

発行者　坂本政謙

発行所　株式会社　岩波書店
〒101-8002　東京都千代田区一ツ橋2-5-5

案内 03-5210-4000　営業部 03-5210-4111
文庫編集部 03-5210-4051
https://www.iwanami.co.jp/

印刷・三陽社　カバー・精興社　製本・中永製本

ISBN 978-4-00-311172-7　Printed in Japan

# 読書子に寄す

## ――岩波文庫発刊に際して――

岩波茂雄

真理は万人によって求められることを自ら欲し、芸術は万人によって愛されることを自ら望む。かつては民を愚昧ならしめるために学芸が最も狭き堂宇に閉鎖されたことがあった。今や知識と美とを特権階級の独占より奪い返すことはつねに進取的なる民衆の切実なる要求である。岩波文庫はこの要求に応じそれに励まされて生まれた。それは生命ある不朽の書を少数者の書斎と研究室とより解放して街頭にくまなく立たしめ民衆に伍せしめるであろう。近時大量生産予約出版の流行を見る。その広告宣伝の狂態はしばらくおくも、後代にのこすと誇称する全集がその編集に万全の用意をなしたるか。千古の典籍の翻訳企図に敬虔の態度を欠かざりしか。さらに分売を許さず読者を繋縛して数十冊を強うるがごとき、はたしてその揚言する学芸解放のゆえんなりや。吾人は天下の名士の声に和してこれを推挙するに躊躇するものである。このときにあたって、岩波書店は自己の責務のいよいよ重大なるを思い、従来の方針の徹底を期するため、すでに十数年以前より志して来た計画を慎重審議この際断然実行することにした。吾人は範をかのレクラム文庫にとり、古今東西にわたって文芸・哲学・社会科学・自然科学等種類のいかんを問わず、いやしくも万人の必読すべき真に古典的価値ある書をきわめて簡易なる形式において逐次刊行し、あらゆる人間に須要なる生活向上の資料、生活批判の原理を提供せんと欲する。この文庫は予約出版の方法を排したるがゆえに、読者は自己の欲する時に自己の欲する書物を各個に自由に選択することができる。携帯に便にして価格の低きを最主とするがゆえに、外観を顧みざるも内容に至っては厳選最も力を尽くし、従来の岩波出版物の特色をますます発揮せしめようとする。この計画たるや世間の一時の投機的なるものと異なり、永遠の事業として吾人は微力を傾倒し、あらゆる犠牲を忍んで今後永久に継続発展せしめ、もって文庫の使命を遺憾なく果たさしめることを期する。芸術を愛し知識を求むる士の自ら進んでこの挙に参加し、希望と忠言とを寄せられることは吾人の熱望するところである。その性質上経済的には最も困難多きこの事業にあえて当たらんとする吾人の志を諒として、その達成のため世の読書子とのうるわしき共同を期待する。

昭和二年七月